16	3	2	13
5	10	11	8
9	6	7	12
4	15	14	1

José Eli da Veiga

O ANTROPOCENO
E AS HUMANIDADES

editora 34

EDITORA 34

Editora 34 Ltda.
Rua Hungria, 592 Jardim Europa CEP 01455-000
São Paulo - SP Brasil Tel/Fax (11) 3811-6777 www.editora34.com.br

Copyright © Editora 34 Ltda., 2023
O *Antropoceno e as Humanidades* © José Eli da Veiga, 2023

A FOTOCÓPIA DE QUALQUER FOLHA DESTE LIVRO É ILEGAL E CONFIGURA UMA
APROPRIAÇÃO INDEVIDA DOS DIREITOS INTELECTUAIS E PATRIMONIAIS DO AUTOR.

Capa, projeto gráfico e editoração eletrônica:
Franciosi & Malta Produção Gráfica

Revisão:
Beatriz de Freitas Moreira

1ª Edição - 2023

CIP - Brasil. Catalogação-na-Fonte
(Sindicato Nacional dos Editores de Livros, RJ, Brasil)

Veiga, José Eli da, 1948

V724a　　O Antropoceno e as Humanidades /
José Eli da Veiga. — São Paulo: Editora 34,
2023 (1ª Edição).
208 p.

ISBN 978-65-5525-144-9

1. Desenvolvimento sustentável.
2. Ecologia. 3. Economia ambiental.
4. Governança global. 5. História da ciência.
6. Filosofia da ciência. I. Título.

CDD - 333.7

O ANTROPOCENO
E AS HUMANIDADES

Cronologia 8

Prólogo: O décimo andar 11
1. Sobrevoo 19
2. Zoom 61
2.1. A Ciência da Sustentabilidade 62
2.2. Outras reações nas Humanidades 82
3. Achados: Complexidade e evolução 113
Epílogo: Impasses e desafio 163

Referências bibliográficas 169
Agradecimentos 189
Sobre o autor 190
Índice remissivo 193

À Yumi

CRONOLOGIA

Anos atrás
(em 2019)

13,8 bilhões	*Big Bang.*
4,6 bilhões	Formação do sistema solar.
4,5 bilhões	Formação do planeta Terra.
3,8 bilhões	Surgimento dos organismos.
3,5 bilhões	Início da fotossíntese.
400 milhões	Vida começa a se tornar terrestre.
230 milhões	Primeiros dinossauros.
65 milhões	Extinção dos dinossauros.
6 milhões	Último ancestral comum de humanos e chimpanzés.
2,588 milhões	Início do Pleistoceno, primeira Época do Quaternário.
2,5 milhões	Início do Paleolítico e evolução do gênero *Homo* na África.
2 milhões	Espécies humanas se espalham pela Eurásia.
800 mil	Uso do fogo pelo *Homo erectus.*
500 mil	*Homo neanderthalensis* na Europa e no Oriente Médio.
200 mil	*Homo sapiens* na África Ocidental.

100 mil	Generalização do uso controlado do fogo.
70 mil	Espalhamento geográfico dos *Sapiens*.
45 mil	*Sapiens* povoam a Austrália extinguindo megafauna.
30 mil	Extinção dos *Neanderthalensis*.
16 mil	*Sapiens* povoam a América extinguindo megafauna.
13 mil	*Sapiens* torna-se a única espécie humana.
11,7 mil	Início do Holoceno.
11,5 mil	Surgimento da agricultura e transição ao Neolítico.
6 mil	Transição da Pré-História à Antiguidade.
5 mil	Reinos, escritas, dinheiro, religiões politeístas.
4,2 mil	Início do Império Acádio.
2,5 mil	Moeda, Império Persa, budismo.
2 mil	Império Han na China, Império Romano no Mediterrâneo, cristianismo.
1,4 mil	Transição da Antiguidade à Idade Média, islamismo.
568	Transição da Idade Média à Idade Moderna.
500	Ascensão do "capitalismo" (Braudel), ciência.
234	Transição da Idade Moderna à Idade Contemporânea.
200	Ascensão do "capitalismo" (Marx), indústria.
77	Primeira explosão nuclear.
73	Início da "Grande Aceleração".

Prólogo
O DÉCIMO ANDAR

Não parece, mas cronologias são bichos de sete cabeças. Nem tanto as dos calendários e horários oficiais, às quais nos adaptamos com rapidez. Mas, com certeza, a da escala do tempo histórico, com seus muitos séculos e insondáveis milênios. Ou a da história da Terra, com suas idades, épocas, eras e éons.

O que dizer, então, de uma outra, com a qual raros têm familiaridade, pois sequer é ensinada, embora seja objeto de estudo do punhado de gênios indomáveis, chamados de cosmólogos? Eles lidam com períodos que vão bem além dos devaneios da esmagadora maioria dos seres humanos.

Aproximações da escala cosmológica costumam ser obtidas com recurso a metáforas que, em geral, aludem a bem conhecidos gigantes. Por exemplo, o célebre arranha-céu Empire State, com seus 102 andares, em plena Quinta Avenida, de Manhattan, Nova York.

É uma imagem utilizada para se visualizar uma linha do tempo do universo, na qual cada andar do edifício corresponda a uma duração dez vezes maior que a do pavimento anterior. O primeiro (ou térreo), apenas dez anos depois do *Big Bang*; o segundo cem anos; o terceiro mil anos, e assim por diante.

Em tal progressão, as durações aumentam exponencialmente. O que até pode ser simples de se convencionar, mas dificílimo de se interpretar corretamente. Basta dizer que subir do 12º ao 13º andar equivale a imaginar o universo desde 1 trilhão de anos do *Big Bang* até 10 trilhões de anos depois. Uma duração bem superior à soma de todas as etapas anteriores.

Nada de comparável às mais longevas espécies de vida (da ordem dos milhões de anos), para nem mencionar os mais resilientes impérios (mil anos). Cotejar a duração do centésimo andar à do 86°, onde está aquele terraço de observação, é como comparar 10 mil séculos a um piscar de olhos.

Então, são óbvias duas das perguntas que curiosos dirigem aos cosmólogos. Até quais andares poderão galgar bens tão preciosos quanto a vida, em geral, ou, ao menos, os ecossistemas dos quais dependem os humanos? Mas, também, qual a durabilidade da Terra, do Sol, de alguns planetas, dos misteriosos buracos negros e do próprio universo?

As tentativas de responder são muito mais enroscadas do que se gostaria.

Por quase 5 bilhões de anos, o Sol sustentou sua tremenda massa contra a esmagadora força da gravidade graças à energia produzida pela fusão de moléculas de hidrogênio em seu núcleo. Tal energia alimenta um ambiente frenético de partículas, que exerce forte pressão de dentro para fora.

Assim como a pressão produzida por uma bomba de ar, que enche e mantém de pé um objeto inflável, a pressão gerada pela fusão no núcleo do Sol dá sustentação ao astro, impedindo-o de desabar sob seu próprio peso descomunal.

Esta tensão, entre a gravidade puxando e as partículas empurrando, poderá se manter por mais 5 bilhões de anos. A partir daí, porém, haverá desequilíbrio. A fusão do hidrogênio produz hélio, que desloca o hidrogênio, ocupando o centro do Sol, assim como a areia despejada em uma lagoa desloca a água ao preencher seu fundo.

Muito importante, pois é no centro do Sol que ocorrem as temperaturas mais quentes, bem acima dos 10 milhões de graus necessários para fundir hidrogênio em hélio.

Conforme o hélio deslocar o hidrogênio, minguará o suprimento de combustível da fusão. A pressão da produção de energia no núcleo diminuirá e, em consequência, a força da gravidade vencerá. O Sol começará a implodir.

Consoante seu peso espetacular entre em colapso, a temperatura do Sol disparará. O calor e a pressão intensos desencadearão uma nova rodada de fusão dentro de uma camada fina de hidrogênio ao redor do hélio.

Em condições tão extremas, a fusão do hidrogênio prosseguirá em um ritmo extraordinário, dando impulso externo mais intenso do que o Sol jamais teve, fazendo com que ele inche tremendamente.

Dúvidas: o Sol tenderá a crescer até que tamanho; quanta massa poderá perder? Com certeza, inúmeras partículas de sua camada externa serão sopradas em ritmo constante ao espaço. Um Sol de menor massa, por sua vez, resultará em atração gravitacional geral diminuída, o que fará com que os planetas migrem para órbitas mais distantes.

Então, o futuro de qualquer planeta dependerá de sua trajetória. Ela precisará ser mais rápida que o ritmo do Sol inchando. Mercúrio perderá a corrida, engolido pelo Sol dilatado, evaporando-se. Marte, orbitando a uma distância maior, desfruta de uma vantagem inicial e estará a salvo. Vênus se dará mal, embora simulações indiquem que, por um triz, o Sol intumescido talvez não alcance sua órbita recuada. Se for o caso, a da Terra também escapará por pouco.

No entanto, mesmo que nosso planeta seja poupado, sofrerá mudanças profundas. A temperatura da superfície da Terra aumentará em milhares de graus, quente o suficiente para secar os oceanos, expelir a atmosfera e inundar a superfície com lava derretida.

Cena que ninguém jamais haverá de contemplar. Afinal, se nossos descendentes ciborgues pudessem continuar a prosperar (esquivando-se com êxito de autodestruições, patóge-

Prólogo: O décimo andar

nos letais, desastres ambientais, asteroides mortais e invasões alienígenas, entre outras catástrofes em potencial), muito tempo antes já teriam abandonado a Terra, em busca de um lar mais hospitaleiro.

Pois o Sol desvanecerá pouco acima do décimo andar do Empire State. Fim suave, ainda mais se comparado ao desfecho cataclísmico que poderá estar aguardando o universo inteiro, na subida ao 11º. Uma vez lá, tudo poderá ser arremessado a um acerto de contas violento, que os físicos chamam de o Grande Rasgo (*Big Rip*). Cem bilhões de anos depois do *Big Bang*.

Na mesma toada, as mais distantes galáxias terão deslizado além dos limites do que os astrônomos chamam de "nosso horizonte cósmico". Como se elas despencassem de um penhasco à beira do espaço. Mediante cálculos refinados, alguns pesquisadores estimaram em que momento estará chegando ao fim a formação de estrelas na grande maioria das galáxias: no 14º, cerca de 100 trilhões de anos no futuro.

A partir deste patamar, o céu noturno, outrora lindo, apinhado de estrelas brilhantes, terá sido preenchido por cinzas carbonizadas, embora as que hospedam planetas possam continuar a fazê-lo. Por mais um andar.

Sim, até existem hipóteses sobre o que talvez aconteça a partir do 15º andar. A hipótese de colapso "Grande" ou "Final" (*Big Crunch*) e a menos pessimista, de um salto elástico, ou "Grande Ricochete" (*Big Bounce*).

Todavia, também é muito provável que quase tudo já estivesse definhando desde a passagem do 11º para o 12º, quando a fase de contração do espaço resultaria em distensão, que concluiria um ciclo, dando início ao seguinte.

Isto exigiria a substituição da metáfora do Empire State por outra: a de uma espiral, em que cada volta corresponderia a um ciclo cosmológico. E seria necessário imaginá-la se estendendo ao infinito, em ambas as direções.

A realidade, como a conhecemos, é parte de uma única volta ao redor da trilha cosmológica, diz Brian Greene, diretor do Centro de Física Teórica da Universidade Columbia, bem conhecido por suas descobertas inovadoras sobre as supercordas e sua participação em filmes para a TV. Esta parece ser a mensagem essencial de seu sexto livro: *Until the End of Time*, de 2020.

Só que tão bela mensagem está muito longe de poder sintetizar o conteúdo da obra. Greene começa sua ambiciosa epopeia com explicações bem didáticas sobre o conceito de entropia. Em seguida, se esforça em apresentar uma razoável versão da teoria darwiniana da evolução. E, em quatro capítulos do miolo, discorre sobre as duas ideias estampadas no subtítulo: *Mind, Matter, and Our Search for Meaning in an Evolving Universe*.

Daí por que são muitas as passagens em que se poderá sentir vertigens, em meio a precárias revisões de meia dúzia de traiçoeiros debates teóricos, sobre a informação, a consciência, o cérebro, a linguagem, o instinto e a criatividade. Nelas, a natureza especulativa das conjecturas consegue superar as suposições sobre o que poderá surgir a partir do décimo andar do Empire State.

Este livro

Não causar semelhantes vertigens foi uma das principais preocupações que orientaram a redação deste segundo livro sobre o Antropoceno. Pois também traz revisões sobre espinhosas questões, como, por exemplo, a relação das novas ciências da complexidade com a dupla revolução científica de Darwin.

O objeto central é a recepção, pelas Humanidades, da proposta de nova Época, saída da chamada Ciência do Sistema Terra, tema do meu livro de 2019, *O Antropoceno e a Ciência do Sistema Terra*. Tal recepção esteve longe de ser homogênea, incluindo a explícita rejeição embutida na expressão "Capitaloceno". O trocadilho tem sido usado para enfatizar que os crescentes estragos ecossistêmicos não devem ser atribuídos à espécie humana, mas ao capitalismo.

Desnecessário dizer que tal protesto partiu da parte dos pesquisadores das Humanidades mais escandalizados com a constatação de que uma boa parte de seus pares estaria engolindo o que lhes soava como abusiva imposição da cronologia das geociências. Aparentemente, um caso típico de desencontro entre as "duas culturas".

Tem sido tênue, caso esteja realmente ocorrendo, a redução da distância que tem separado aquilo que o físico molecular e romancista britânico C. P. Snow (1905-1980) considerou serem "The Two Cultures", em célebre conferência de Cambridge, no dia 7 de maio de 1959 (ed. bras.: *As duas culturas*, Edusp, 1995). Ainda são por demais incipientes as iniciativas que realmente compensam o reducionismo imposto pela sempre crescente — e forçosa — fragmentação do conhecimento em novas disciplinas.

É conveniente, portanto, conhecer o vídeo da conversa "Ciências e Humanidades Sessenta Anos Depois", realizada no IEA-USP, no exato sexagésimo aniversário da conferência de Snow, dia 7 de maio de 2019. Com protagonistas há muito empenhados em desafios transdisciplinares: os professores seniores Sonia Barros de Oliveira (Geociências-USP) e Ricardo Abramovay (IEE-USP) (<http://www.iea.usp.br/eventos/ciencias-e-humanidades>).

O conteúdo deste livro certamente exibe o estágio atual de um dos principais choques entre as duas culturas, na pegada de C. P. Snow, ao propor uma descrição analítica da recepção da ideia de Antropoceno pelas Humanidades. Porém, o que tal exercício mais parece revelar é a incipiência do conhecimento das duas culturas no que se refere às quatro dinâmicas históricas da Terra: do planeta, da vida, da natureza humana e da civilização. Talvez ainda mais: a debilidade teórica de grande parte das Ciências e de quase todas as Humanidades.

Plano

A exposição segue aqui moldes semelhantes aos do livro de 2019: são três capítulos, bem diferentes em conteúdo e estilo.

O primeiro propõe uma síntese, nos moldes de divulgação científica, do que precisa ser conhecido sobre os mais pertinentes debates, convidando o leitor a sobrevoar o que há de mais importante sobre o tema, antes de se inteirar de seus intrincados fundamentos científicos e filosóficos.

O segundo é um profundo mergulho nas evidências, mediante inspeção dos principais documentos, com mínimo sacrifício da precisão em nome de maior eficácia comunicativa. Tal é a natureza dos dois artigos científicos em que se apoia: "A Ciência da Sustentabilidade" (2021) e "Antropoceno e Humanidades" (2022). Ao apresentar seleção da literatura mais candente, o segundo capítulo é um enfático convite à reflexão sobre as mais valiosas contribuições da segunda cultura sobre o Antropoceno.

O terceiro, bem mais teórico, procura destrinchar uma das maiores dificuldades encontradas nas reações das Humanidades à ideia de Antropoceno: a da relação das "novas ciências da complexidade" com o materialismo darwiniano. Com achados que levam a várias indagações, apresentadas em estilo que só não chega a ser tão leve quanto o do primeiro capítulo porque a inevitável dissecação de certas ideias envolve grau mais elevado de abstração.

Prólogo: O décimo andar

O leitor facilmente perceberá que este livro não pode ter a pretensão de propor soluções aos muitos problemas, de ordem epistemológica, revelados pelas investigações das quais resulta. Muito menos enveredar por discussões sobre as ontologias e suas eventuais "viradas". Mesmo assim, poderá vir a abrir caminhos que venham a facilitar a superação — eminentemente científica, em vez de filosófica — dos identificados impasses e desafios, título do epílogo.

Ao dele se aproximar, o leitor também terá observado que muitas passagens deste livro só confirmam a necessidade de que sejam banidos raciocínios do tipo "se é isto, não pode ser aquilo". Quase sempre, tais vícios devem ser virados de cabeça para baixo, graças ao "também", ao "do mesmo modo", ou "ao mesmo tempo".

Mais: frequentemente, no lugar de "sim ou não", impõe-se o "nem presente, nem ausente", como ressaltou o filósofo australiano Peter Godfrey-Smith em entrevista ao geógrafo Eduardo Sombini, no caderno "Ilustríssima" da *Folha de S. Paulo*, de 2 de julho de 2022. Sempre será preferível procurar pelo que pode ser razoável em cada discurso, pois uma das principais apostas deste livro é persuadir o leitor de que, com extrema frequência, lógicas contrárias nutrem-se uma da outra, completando-se enquanto se opõem.

Por fim, não menos importante é advertir o leitor para a crescente dificuldade de leitura. A facilidade de acompanhar a exposição das questões levantadas no primeiro capítulo não deve induzir a supor que o mesmo ocorra no exame da evolução da literatura das Humanidades sobre o Antropoceno, que está no segundo. Ainda mais no terceiro, que esmiúça negligenciadas questões teóricas essenciais para a busca de respostas científicas a decorrentes interrogações.

1.
SOBREVOO

Embora ainda esteja muito longe de ter a divulgação que merece, existe, desde os anos 1980, um campo de estudos cuja ambição é derrubar os muros que separaram as cronologias realçadas no prólogo: da Cosmologia, das Geociências e das Humanidades. Trata-se da *"Big History"*.

Na esperança de que venha a entrar nos currículos escolares, seus adeptos contaram com a ajuda de Bill Gates para construir um interessante website: <https://www.bighistoryproject.com>.

O principal impulsionador de tal projeto tem sido David Christian, professor da universidade australiana Macquarie. Um de seus principais livros, *Origin Story: A Big History of Everything*, de 2018, está traduzido no Brasil desde 2019 (*Origens: uma grande história de tudo*, Companhia das Letras). Começa por aquilo que já se conseguiu descobrir sobre o surgimento do universo e termina com especulações sobre os possíveis futuros abertos à humanidade.

A exposição foi organizada em oito etapas cronológicas, correspondentes a situações radicalmente subvertidas por propriedades em "emergência". Termo usado pelo autor em um de seus dois sentidos filosóficos: novidades qualitativas, resultantes da interação entre partes de um conjunto, mas ausentes em cada uma delas. Por exemplo, a junção do cabo e da cabeça do martelo que faz "emergir" a função intrínseca à ferramenta.

Por tal prisma, dos oito pontos de transição — chamados de "limiares" — cinco foram anteriores à virada do *Homo sapiens*, há uns 200 mil anos. Vão do *Big Bang* ao *Homo erectus*, passando pela formação do sistema solar e pela mais antiga vida na Terra. Depois da virada, mais dois: o início do Holoceno, há uns dez milênios, e a revolução dos combustíveis fósseis, há dois séculos. E o autor torce para que o nono limiar seja uma "ordem mundial sustentável".

Em meados do século XIX, quando as tecnologias baseadas nos combustíveis fósseis passaram a transformar o mundo, o Holoceno foi para a berlinda. Logo a seguir, as primeiras potências movidas a combustíveis fósseis se voltaram umas contra as outras, tornando extremamente violenta a primeira metade do século XX. A segunda metade foi a do mais notável surto de crescimento econômico da história da humanidade.

Durante a chamada "Grande Aceleração", os seres humanos passaram a mobilizar energia e recursos naturais em escala tão alucinante, que começaram a subverter a própria biosfera. É por este motivo que o alvorecer do Antropoceno tem sido atribuído a meados do século XX.

Segundo Christian (2018), este terceiro ato teria deixado bem evidentes os lados "bom" e "mau" da nova Época, pois a elevação da expectativa de vida, a ascensão das classes médias, e a redução da pobreza de renda absoluta foram progressos dos setenta anos anteriores, tanto quanto foram deletérias a geração de enormes desigualdades, o aquecimento global e a erosão da biodiversidade. É esta a contradição que estrutura as últimas vinte páginas da quarta parte — sobre "O futuro" — nas quais o autor se arrisca a responder à pergunta de 1 trilhão de dólares: "Para onde vai tudo isso?".

Acha que o primeiro dos objetivos da busca humana, neste exato momento, é evitar um acidente. Se pudermos fazer isto, há dois objetivos adicionais: garantir que os benefícios do "Antropoceno bom" estejam disponíveis para todos os seres humanos e garantir que a biosfera continue a prosperar, porque, se a biosfera fracassar, nenhuma missão poderá ser bem-sucedida.

A seguir, discute como poderá ser o "Antropoceno maduro". O crescimento da população diminuirá para zero e talvez comece a cair. A pobreza será largamente eliminada por melhores sistemas de bem-estar social e controles do acúmulo de riqueza.

O crescimento econômico deixará de ser o objetivo principal dos governos e os indivíduos começarão a valorizar mais a qualidade de vida e o lazer do que o aumento de renda. A educação e a ciência se tornarão muito mais decisivas. As economias do mundo vão "desmamar" dos combustíveis fósseis. Inovações e mudanças nos padrões de consumo farão parte de uma transformação da agricultura que a torne menos exigente de recursos naturais.

Claro, as ideias também mudarão muito. Para que o Antropoceno "amadureça" todos terão muito o que aprender com aqueles que preservaram culturas de sociedades que viveram por milhares de anos em estável relacionamento com o meio ambiente.

De resto, muitas das dificuldades da busca por um mundo melhor ficam patentes na simples comparação dos dois documentos fundamentais adotados, em 2015, no âmbito das Nações Unidas: "Transformando Nosso Mundo" — mais conhecido como "Agenda 2030" — e "Acordo de Paris sobre a Mudança Climática".

David Christian acha que é fácil demais ser cético, mesmo admitindo que caiba um pouco de cinismo. Não obstante, fecha com um depoimento pessoal: "Quem cresceu em meados do século XX, quando havia pouca compreensão dos perigos do 'Antropoceno mau', é notável ler estes dois documentos de um órgão que representa a maioria das nações da Terra. Trinta anos atrás, tais declarações teriam sido inconcebíveis".

Porém, alguns preferem colocar suas barbas de molho, como se verá a seguir.

Riscos existenciais

O primeiro dos "objetivos da busca humana" só pode ser evitar um acidente. Quem dá atenção às avaliações de riscos globais divulgadas pelo Fórum de Davos (WEF) pode até estar preocupado, mas sem motivos para se alarmar. O risco global de maior impacto — uso de armas de destruição em massa — está entre os menos esperados de uma lista de trinta. Já o segundo — insucesso na mitigação do aquecimento global — foi considerado altamente plausível, só perdendo para eventos climáticos extremos. Então, nada poderia parecer imediatamente assustador, pois serão forçosamente de longo prazo as consequências de um total fracasso do regime instituído em 1992 pela Convenção do Clima e das eventuais tentativas de se apelar para a chamada "geoengenharia".

Há uma séria incongruência, contudo, nessas sondagens feitas, há catorze anos, pelo "Global Risks Perception Survey" (GRPS). Pois a noção de risco não deveria continuar a ser tão confundida e misturada com a de incerteza. A rigor, riscos podem ser estatisticamente estimados, com base no histórico de ocorrências, enquanto incertezas sobre o futuro só podem ser subjetivamente avaliadas e — no máximo — discutidas em termos metafísicos. Certamente é a consciência dessa dubiedade que explica por que o Survey evita o termo "probabilidade", em favor do bem menos comprometedor *"likelihood"*.

Mesmo assim, as pesquisas anuais do WEF devem ser consideradas uma excelente fonte se a pergunta for sobre a percepção de futuro que em determinado momento predominava na elite formada por três peculiares subconjuntos: as comunidades parceiras do Fórum, as redes profissionais de seu Conselho Consultivo e os membros do técnico Institut of Risk Management.

A principal mensagem dos últimos relatórios tem sido que os três segmentos de tal elite não andam dando a mínima importância à incerteza provocada pelo alastramento das armas nucleares, embora estejam levando extremamente a sério as incertezas ambientais, particularmente as climáticas.

Tal constatação impõe uma horrível pergunta: estariam cegos? Pois ambas as incertezas incidem sobre a perspectiva do autoextermínio da humanidade, mas ele será imediato e irrestrito por via de calamidade nuclear, enquanto são bem mais incertas e duvidosas as efetivas consequências da desregulação ecossistêmica global em curso. Não há garantia de que a desgraça ecológica seja inteiramente irreversível, por mais medonhos que possam ser os melhores prognósticos. Talvez possa haver recuo e reorientação, talvez não.

A inclinação mais em voga é justamente o avesso de tal ponderação: subestimar a incerteza nuclear e supervalorizar a incerteza ambiental. É o que está patente na audiência obtida, nos Estados Unidos, pelas profecias de ecólogos como Guy McPherson, da Universidade do Arizona. Mais ainda na Europa, principalmente por causa de uma rede franco-suíça de intelectuais empenhados na legitimação do que chamam "colapsologia".

O principal *hub* da "colapsologia" está no parisiense Institut Momentum, fundado em 2011 e dirigido por Yves Cochet, militante verde desde o início dos anos 1970, com diversos mandatos parlamentares entre 1989 e 2014 e por quase um ano ministro do governo Lionel Jospin. Junta estudiosos convictos de que a Ciência do Sistema Terra já teria provado que a humanidade não sobreviverá até 2040, chame-se isso de apocalipse, armagedom, cataclismo, derradeira batalha, fim do mundo, hecatombe ou juízo final.

Essa turma tem sido muito maltratada por figuras que conquistaram ampla visibilidade por detonarem todo o ideário dos verdes. Para tais detratores, os "colapsólogos" oferecem um prato cheio. Mas não só, já que também do lado mais ecologista há quem se empenhe em separar o joio do trigo, mostrando não existir qualquer certeza — atribuível à ciência — sobre o futuro da humanidade.

O ALERTA DE SIR REES

É da ordem de cinquenta por cento a probabilidade de que este seja o último século do processo civilizador, reafirma um dos mais notáveis astrofísicos do mundo. Porém, tamanho pessimismo político vem agora temperado de otimismo tecnológico bem mais instigante que o exposto, há quase vinte anos, no best-seller *Our Final Hour: A Scientist's Warning*, de 2003 (ed. bras.: *Hora final: alerta de cientista*, Companhia das Letras, 2005).

Desta vez, é ainda mais enfática a exortação por uma visão otimista do destino da vida. "Precisamos pensar globalmente, precisamos agir racionalmente, precisamos pensar em longo prazo — empoderados pela tecnologia do século XXI, mas guiados por valores que apenas a ciência não pode fornecer." É com estas palavras de muita confiança que Sir Martin Rees fecha a má tradução brasileira de seu livro de 2018, *On the Future: Prospects for Humanity* — por aqui *Sobre o futuro: perspectivas para a humanidade. Questões críticas sobre ciência e tecnologia que definirão a sua vida* (Alta Books, 2021).

Sim, as perspectivas poderão apontar para um admirável mundo novo, impossível de ser imaginado por quem desconhece as imensas oportunidades de progresso oferecidas por combinações da inteligência artificial à cibernética, à robótica e à biotecnologia.

Porém, a sobrevivência humana neste século dependerá de responsavelmente acelerar e restringir tais inovações, evitando-se futuro tão ou mais vulnerável. Para que sejam evitadas as incertezas existenciais decorrentes de arsenais nucleares, bioterrorismos ou desastrosos erros biológicos.

Antes de discutir o futuro da própria ciência, tema do último capítulo, Sir Martin Rees organiza seus argumentos em três sucessivos cenários espaçotemporais: primeiro, o do atual Antropoceno, seguido pelo futuro da humanidade aqui na Terra e, só em terceiro, suas amplas perspectivas cósmicas. No entanto, para sintetizá-los, parece mais cativante inverter tal ordem cronológica.

Os humanos obterão significância genuinamente cósmica ao transcenderem suas limitações e propagarem sua influência mediante transição para entidades eletrônicas, potencialmente imortais. Os pioneiros explorarão superpoderosas tecnologias genéticas e de ciborgues, dando o primeiro passo rumo a uma nova espécie. Tal transição para inteligências inorgânicas inaugurará a era pós-humana.

Se as tendências técnicas atuais seguirem sem impedimentos, algumas pessoas poderão alcançar a imortalidade — ao menos no sentido limitado de que, transferidos, seus pensamentos e memórias poderiam ter tempo de vida independente de seus corpos atuais.

No entanto, Martin Rees pergunta ao leitor: se seu cérebro fosse transferido para uma máquina, em que sentido ainda seria "você"? Ficaria confortável quanto à posterior destruição de seu corpo? O que aconteceria, se diversos clones fossem fabricados a partir de "você"? Será que a contribuição de nossos órgãos sensoriais, e as interações físicas com o mundo externo real, são tão essenciais a nossas existências que tal transição seria, não apenas repugnante, como também impossível?

Em todas as especulações sobre o período pós-2050, não se sabe onde fica a fronteira entre o que pode acontecer e o que permanecerá ficção científica. Mas não há razão para duvidar que, um dia, as máquinas superarão as capacidades humanas.

Interrogações têm mais a ver com a velocidade da viagem, não com sua direção. Poderá demorar séculos para que humanos de carne e osso sejam superados, mas isto será um piscar de olhos na comparação ao tempo evolutivo que permitiu o surgimento da humanidade.

O mundo já está tão interligado, que eventuais catástrofes, mesmo que localizadas, certamente teriam cascatas de consequências globais. Por isso, é preciso considerar seriamente a hipótese de um colapso socioambiental que traria gravíssimo retrocesso civilizador. Talvez fosse temporário, mas também poderia ser tão devastador que os sobreviventes jamais conseguiriam regenerar sequer as bases das atuais civilizações.

Físicos teóricos apontaram para a possibilidade de destruição da Terra, ou, até mesmo, do universo inteiro, mediante formação de um buraco negro propenso a sugar tudo ao seu redor. Outra possibilidade assustadora é de que os quarks poderiam se reorganizar em objetos chamados *strangelets*.

Sob algumas condições, apenas um desses objetos poderia, por contágio, converter qualquer coisa que encontrasse em nova forma de matéria, transformando a Terra inteira em uma esfera hiperdensa, de cerca de cem metros de diâmetro. A terceira possibilidade, ainda mais exótica e desastrosa, é a de uma calamidade cósmica que engoliria o próprio espaço.

Tais chutes sobre o que foi catalogado como "riscos existenciais" decorreram do funcionamento de potentes aceleradores no Brookhaven National Laboratory e no CERN, em Genebra, capazes de gerar concentrações de energia sem precedentes.

Todavia, Rees se orgulha de ter sido um dos cientistas a destacar que "raios cósmicos" — partículas com energia muito maior do que as que podem ser geradas nos aceleradores — colidem frequentemente na galáxia, mas sem rasgarem o universo. E penetram estrelas muito mais densas, sem causar sua conversão em *"strangelets"*. Mas, insiste: não há razão para se confiar que a humanidade sobreviveria ao pior que as tecnologias futuras poderiam trazer.

Incertezas

No livro *Risk*, de 1995, traduzido pela editora Senac-SP em 2009 (*Risco*), John Adams, emérito professor do University College London, começa por descrever as quatro predisposições psíquicas dos humanos sobre a natureza. Para os que a têm como essencialmente benigna, ela seria tão robusta, estável e previsível que um bom manejo contrabalançaria males impostos pela ascensão dos humanos. Para os que, ao contrário, a percebem particularmente delicada, seria tão frágil, precária e efêmera que os humanos deveriam lidar com ela como se estivessem pisando em ovos. Há os que combinam as duas propensões acima, pois vislumbram a natureza simultaneamente tolerante e perversa. Para esses, em certas condições ela se manteria benigna, mas, em outras, se tornaria periclitante. E ainda há os que têm a natureza como tão caprichosa que proibiria qualquer pretensão humana de gerenciá-la.

São tais arquétipos que podem levar até bons pesquisadores a inferências das mais divergentes diante do mesmo conjunto de evidências sobre a desregulação climática, erosão da biodiversidade, estresses hídricos, ou degradações dos oceanos. Nos extremos estão os tais adeptos da "colapsologia" e seus difamadores, que os acusam de "sotereologia", aquela parte da teologia referente à salvação da humanidade.

Todavia, é muito longe desses dois quadrantes simétricos que se distribui a esmagadora maioria dos analistas mais circunspectos, avessos a prejulgamentos, por reconhecerem o quão gigantesco ainda é o desconhecimento humano sobre a complexidade da natureza.

Ótimo indício está na emergência, entre 2005 e 2014, e distante do eixo franco-suíço, de um punhado de grandes iniciativas de vocação transdisciplinar, dedicadas ao estudo do que poderia ser definido como "incertezas existenciais": os fenômenos capazes de condenar a vida inteligente na Terra a ficar permanentemente atrofiada, ou ser mesmo aniquilada.

No Reino Unido, o CSER (Center for the Study of Existencial Risk, Cambridge, 2012) e o FHI (Future of Humanity Institute, Oxford, 2005). Nos Estados Unidos, o FLI (Future of Life Institute, Boston, 2014), o GCRI (Global Catastrophic Risk Institute, Nova York, 2011) e a SU (Singularity University, Santa Clara, Califórnia, 2008).

Estas cinco organizações foram criadas por pesquisadores que em algum momento de suas carreiras passaram a se preocupar prioritariamente com o que convencionaram chamar de "risco existencial". O CSER é obra de Martin Rees, com Huw Price e Jaan Tallinn, este também um dos principais fundadores do FLI. O FHI foi criado e é tocado por Nick Bostrom, assim como a SU contou desde a origem com Ray Kurzweil e Peter Diamandis. Cérebros tão ou mais privilegiados povoam seus respectivos conselhos consultivos.

Poucos sabem, contudo, que um dos principais mentores da turma que patrocina quase todas essas instituições é um filósofo francês que, desde 1984, ensina ciência política na Universidade Stanford e tem fortes laços familiares com o Brasil: Jean-Pierre Dupuy. Dos seus quarenta livros, seis existem em português (dois por pirataria). Mas ainda não está prevista a tradução do mais relevante em sua própria avaliação: o ensaio de metafísica nuclear intitulado *La Guerre qui ne peut pas avoir lieu* (*A guerra que não pode suceder*) — lançado, em março de 2019, pela editora belga Desclée de Brouwer.

Embora tenha obras sobre muitas questões — que vão da cibernética à economia, passando até pelo ciúme —, o âmago das pesquisas de Dupuy esteve voltado, desde 2002, ao perigo atômico e às razões da despreocupação e da negligência em que repousa. Procura demonstrar que a ameaça de uma guerra nuclear é tão ou mais séria do que o foi ao longo do quase meio século da Guerra Fria, ou mesmo durante a conjuntura que se seguiu aos ataques de 11 de setembro.

Para mostrar qual é o real tamanho dessa encrenca e procurar as razões da dominante cegueira, Dupuy faz minuciosa análise do discurso sobre a célebre "dissuasão", atributo que diferenciaria as armas atômicas das convencionais, estas só úteis para ataque e defesa.

Continua fortíssima tal doutrina, segundo a qual bombas termonucleares terminariam por ser inofensivas, pois só existiriam para constranger inimigos a delas não se servirem. Mais, graças a elas, governos ficariam "mais modestos, mais moderados e mais cautelosos", como repetiu até a morte, em 2013, uma das sumidades da teoria das relações internacionais, o filósofo Kenneth Waltz, da Universidade Columbia.

O problema é que o discurso sobre a dissuasão nunca foi levado a sério pelos que travaram a Guerra Fria, a começar pelos seus protagonistas, União Soviética e Estados Unidos. E seria muito desejável que as atuais potências nucleares erigissem instituições capazes de realmente assegurar o que chamaram de dissuasão.

Para justificar tal argumento, Dupuy primeiro realça os muitos fatos que contrariam a tese neorrealista de Waltz, e

Sobrevoo

depois mobiliza a filosofia analítica para discutir o quanto é imoral a simples posse de uma arma nuclear. Ao combinar a parte empírica com a teórica, o leitor facilmente concluirá que o direito internacional deveria incluir a posse desse tipo de armamento na relação dos "crimes contra a humanidade". Proposta que Dupuy apoiou em longa entrevista concedida à revista eletrônica *iPhilo* (13 de maio de 2019), não mencionada no livro.

Incerteza nuclear

De todos os fatos que Dupuy destaca, o mais chocante levou quarenta anos para ficar conhecido. Durante o confronto que opôs os EUA à URSS, naqueles treze dias de outubro de 1962 que passaram para a história como a "Crise dos mísseis de Cuba", um submarino soviético acuado por um porta-aviões norte-americano só por um triz não disparou as ogivas nucleares que carregava.

Ao receber um falso alarme, o responsável pela nave — que derretia a mais de 50 graus centígrados e sem comunicação com Moscou — ficou em dúvida se a guerra teria começado. Só que, antes de apertar o botão, achou melhor consultar um subordinado que também era o assistente político da tripulação. Para o bem de todos e felicidade geral do mundo, seu camarada respondeu que ele necessitaria de ordem superior. Se tivesse tido reação inversa, não estaríamos mais por aqui.

O pior é que os norte-americanos nem sabiam da existência, naquelas paragens, de submarinos soviéticos com artilharia nuclear. Se soubessem, é bem provável que o comandante do porta-aviões tivesse sido muitíssimo mais cauteloso. O que não significa que houve defeito do sistema ianque de informação. Na linha da "dissuasão", o absurdo é que o alto-comando militar do governo estadunidense não tenha sido devidamente avisado por seu equivalente soviético.

Impossível não lembrar, portanto, do impagável longa-metragem lançado logo depois, em abril de 1964, por Stanley Kubrick: *Dr. Strangelove*, que aqui virou *Dr. Fantástico*. Tal comédia ilustrou bem o quanto a dissuasão não era levada a sério pelos antagonistas da Guerra Fria, mesmo que o enredo seja mais marcado pelo sonambulismo de assessores do Pentágono tentando impedir que um general insano desencadeasse a guerra nuclear. Foi esse filme que popularizou a noção de "máquina do juízo final" (*doomsday machine*), até ali usada apenas no âmbito da RAND Corporation.

Tal emprego do termo "máquina" deveria servir de lembrete às elites bem-pensantes, pois não há artefato humano que funcione a 100%. Não existe nada de parecido com "segurança total" ou com "risco zero". E evidências similares à do incidente com o submarino soviético abundam nos trabalhos de duas grandes autoridades na questão nuclear que estão entre as principais fontes empíricas de Dupuy: Daniel Ellsberg e William J. Perry.

O primeiro foi quem vazou, em 1971, as incríveis 14 mil páginas dos "Pentagon Papers", dois decênios antes que o segundo viesse a ser Secretário de Defesa dos EUA, sob a presidência de Bill Clinton. Outros argumentos se apoiam em posições do próprio George P. Schultz, várias vezes secretário dos governos Nixon e Reagan, assim como de um excelente time de ex-políticos, empresários e cientistas que, sob a liderança do ex-senador Sam Nunn, participam da NTI — Nuclear Threat Initiative —, organização que luta pelo advento de um mundo no qual as armas nucleares terão desaparecido por completo.

É só depois de tais relatos, que ocupam a primeira metade do livro, que Dupuy propõe sua árdua discussão lógica e metafísica sobre a imoralidade da "máquina do juízo final".

Sobrevoo

Nela são referências-chave três dos mais brilhantes "filhos de Heidegger": Hans Jonas, Hannah Arendt e, singularmente, o primeiro marido de Arendt, Günther Anders.

Günther Anders chegou a ficar conhecido no Brasil em 1968, quando Anatol Rosenfeld persuadiu Modesto Carone a traduzir seu livro de 1946: *Kafka: pró e contra*, reeditado pela Cosac Naify em 2007. Mas, infelizmente, só em outras línguas é possível o acesso ao cerne de sua obra filosófica, profundamente enraizada em viagens a Hiroshima. Já no retorno da primeira, em 1958, ilustrou com impressionante imagem o sentido da "banalidade do mal", ideia que Arendt só iria lançar cinco anos depois.

Mais do que o suficiente para que se entenda a aspiração "por um catastrofismo esclarecido", título do principal best-seller de Jean-Pierre Dupuy (*Pour un catastrophisme éclairé*). Porém, desde seu lançamento, em 2002, a obra foi muito mal interpretada.

Muitos comentadores acharam que a forma de catastrofismo ali defendida seria equivalente a se tomar a catástrofe como certeza. Só que isso seria absurdo, diz o autor em longa nota de rodapé de seu último livro. Pois, se o desastre é inexorável, só se pode desistir. Dupuy gostaria que tivessem entendido o oposto: longe de ser uma certeza, a ocorrência da catástrofe deve ser considerada indeterminada, sendo tal indeterminação a forma mais radical de incerteza. E é tal incerteza absoluta que justifica o tipo de prudência proposta.

Há, contudo, na obra de Dupuy, uma omissão das mais surpreendentes. Pois o leitor nem fica sabendo da existência do Tratado sobre a Proibição de Armas Nucleares (TPNW). Há muito esforço para que seja esquecida sua adoção pela Assembleia Geral da Organização das Nações Unidas em julho de 2017, com 122 votos a favor contra 69 ausências, entre as quais as potências nucleares que têm assentos permanentes no Conselho de Segurança da ONU (o "P5") e quase todos os membros da OTAN. A exceção foi a Holanda, única que preferiu votar contra, ao lado da abstenção declarada de Cingapura.

Para entrar em vigor, esse Tratado precisaria ser assinado e ratificado por ao menos cinquenta países. Conseguiu setenta assinaturas, mas, até agora, somente 25 ratificações, como mostra o monitoramento da "Campanha Internacional pela Abolição das Armas Nucleares": <www.icanw.org>.

Porém, Dupuy acha que, por duas razões, uma proibição total de armas nucleares, como a prevista no TPNW, não poderia ser mais do que "simbólica". Em entrevistas enfatizou que um completo desarmamento nuclear agravaria o problema, gerando situação mais instável e, portanto, ainda mais perigosa do que a atual.

Uma corrida para ser o primeiro a se rearmar, já que permaneceria o conhecimento (*know-how*). E aponta para ações muito mais urgentes, mais realistas e muito mais eficazes para a paz do que uma abolição. Por exemplo, que a Rússia e os Estados Unidos pratiquem verdadeira dissuasão, desistindo de uma vez por todas do alerta que dá direito à preempção, o chamado "*launch on warning*".

Metamorfose

A tragédia de Chernobyl certamente deve ter contribuído para que, no fim dos anos 1980, rapidamente se tornasse best-seller mundial a obra-prima do sociólogo alemão Ulrich Beck (1944-2015), *Sociedade de risco: rumo a uma outra modernidade*. Mas, atenção: este é um daqueles raros best-sellers que também se tornaram clássicos.

Boa explicação do fenômeno pode ser encontrada na orelha da 3ª reimpressão da segunda edição em português, feita, em 2019, pela Editora 34, de autoria do professor Marco Aurélio Nogueira (Unesp). Há nesse livro sugestões teóricas que foram consideradas "poderosas", além de achados "inusitados", ambos capazes de impulsionar grande parte dos pesquisadores das ciências sociais a "olharem além" e a serem projetados "no olho do furacão".

Foram muitos os pesquisadores das Humanidades — com destaque para a sociologia, a ciência política e o direito — que ficaram fascinados pela ideia de passagem a outra modernidade, dita "reflexiva", em razão de uma profunda "cientifização dos riscos". Só que não demorou muito para que o próprio autor viesse a aceitar muitas das críticas a tais teses. Tão esplêndida autocrítica, exposta em *World at Risk* (2009), tem sido muito elogiada em retrospectivas e balanços sobre o conjunto de suas contribuições teóricas.

Sete anos depois — em obra que viria a ser a derradeira —, o já sexagenário Beck voltou a se empenhar na formulação de "novos conceitos para uma nova realidade", subtítulo de *A metamorfose do mundo*. Ou melhor, quis ajudar seus leitores a "compreender por que não compreendemos mais o mundo". Tal foi, de fato, o "objetivo", explicitado já na abertura do prefácio.

Pode-se perguntar, portanto, se tão admirado intelectual morreu na crença de que o mundo teria sido compreendido em algum misterioso momento anterior, deixando de sê-lo agora. Até aviso em contrário, nunca houve mais conhecimento capaz de permitir progressiva aproximação de um entendimento do mundo. Com certeza está muito longe de ser suficiente, mas tal escassez relativa não justifica a insinuação de que o mundo tenha sido compreendido no passado.

Pior: para tentar compreender por que o mundo se mostra assim tão incompreensível, seria preciso, nos diz Ulrich Beck, abandonarmos a noção de "mudança" — que ele mesmo apresenta como "conceito essencial da sociologia" —, já que ela "põe em foco um futuro característico da modernidade, a saber, a transformação permanente, enquanto os conceitos básicos e as certezas que os sustentam permanecem constantes".

Na contracorrente, acha que o termo "metamorfose", no título, teria o dom de desestabilizar essas certezas da sociedade moderna, ao deslocar o foco para "eventos e processos não intencionais, que, em geral, passam despercebidos, que prevalecem além dos domínios da política e da democracia como efeitos colaterais da modernização técnica e econômica radical". Metamorfose, nesse sentido, significaria simplesmente o seguinte: hoje é real e possível o que ontem teria sido impensável.

Poderia ser maior a desinibição em imprimir novos sentidos às noções de "mudança" e de "metamorfose"? Daí por que não se poderá entender esse seu livro póstumo sem que se saiba, de antemão, que, em vez de um tipo específico de "mudança", a "metamorfose" abalaria certezas da sociedade moderna, revelando efeitos adversos do processo civilizador. Mesmo que não seja esta a única tradução da principal liberdade poética anunciada no prefácio, o leitor merece conhecê-la.

Além disso, nada há de relevante, no último livro, sobre a tal da modernidade ou modernização "reflexiva". Beck optou por substituí-las pela noção de modernidade "cosmopolizada". E preferiu alertar para que não haja confusão entre a "sociedade de risco" e a "sociedade de catástrofe", pois esta estaria dominada pelo mote "tarde demais", por uma ruína predeterminada, o pânico do desespero.

Ainda mais estranhos soam os comentários sobre a nova Época — erroneamente chamada por Ulrich Beck de "era" —: o Antropoceno. Refere-se a uma "classe antropocena", além de também arbitrariamente carimbar de "antropocenas" várias outras categorias, como sociedade, desigualdade e posições de risco. Detonando, assim, com estonteante de-

Sobrevoo

senvoltura, os conceitos de classe social e de sociedade de classes.

O que tanta adjetivação parece sugerir é que, para o Ulrich Beck da terceira idade, a definição científica da ultrapassagem do Holoceno só se prestou à criação de metáforas de gosto dos mais duvidosos. Observação que provavelmente remeterá o leitor mais atento à relevante informação dada por sua viúva, ao dizer que cada capítulo da versão final de *A metamorfose do mundo* "apresentava uma série de questões em aberto, desde metáforas de significado misterioso a argumentos baseados em fontes desconhecidas".

É triste, então, constatar que — por mais bem intencionado que sempre tenha sido o pensamento de Beck — certamente não passou de esnobe empulhação. Cabe agora aos seus fãs apresentar evidências de que o balanço não seria assim tão negativo. Até lá, o que fica é a sensação de que muitos jovens pesquisadores das Humanidades foram induzidos a perder grande parte de seu tempo tentando decifrar seus inúmeros malabarismos inoperantes.

O MAIS ESTRANHO

Uma verdadeira antítese do pensamento de Beck pode ser encontrada na obra do antropólogo norte-americano Joseph Henrich, atual chefe do departamento de biologia evolucionária humana de Harvard, depois de ter sido, por muito tempo, professor de economia e psicologia no Canadá.

Sua tese central advoga que o processo civilizador tem sido impulsionado por vetores psicológicos e institucionais que não deveriam ser tão subestimados pelos que lidam com as Humanidades. Se têm sido tão desdenhados, com certeza é devido à correta prioridade aos fatores objetivos. Mas esta é uma circunstância atenuante que evapora com a leitura de

The WEIRDest People in the World: How the West became Psychologically Peculiar and Particularly Prosperous.

Este é um best-seller dos mais disruptivos, ao abalar quase todas as atuais grandes certezas sobre a marcha do que se entende por prosperidade. Aliás, o subtítulo sintetiza muito melhor o admirável conteúdo do livro: "uma nova luz sobre a formação histórica do Ocidente".

Já o chamativo mas intraduzível título se vale de um anedótico trocadilho para enfatizar o que deve ser visto como uma das resultantes mais bizarras da história mundial. O termo inglês para "estranho" ou "esquisito" — *"weird"* — permitiu a invenção da sigla W.E.I.R.D. com as primeiras letras das palavras "Oeste", "educado", "industrializado", "rico" e "democrático".

Muito úteis, então, para ressaltar a excentricidade dos cidadãos das atuais sociedades mais democráticas, mais educadas, mais industrializadas e mais ricas, em comparação aos indivíduos que pertencem aos inúmeros agrupamentos humanos não ocidentalizados. São dos mais chocantes os contrastes comportamentais e cerebrais.

Todavia, tal comparação estática entre extremos não está à altura das elucidativas descrições analíticas de Henrich sobre os impactos de duas decisivas mudanças para a evolução social, de um polo ao outro. No âmbito institucional, os incessantes regramentos — entre os séculos V e XII — geradores do modelo de família hoje predominante no Ocidente. No psicológico, o incomensurável e revolucionário impacto da leitura, só coletivizada nos últimos quinhentos anos.

Entre 400 e 1200 d.C., instituições fortemente baseadas no parentesco das muitas populações tradicionais da Europa foram paulatinamente degradadas, desmanteladas, e finalmente demolidas pelo ramo da cristandade que criou a Igreja Católica Romana.

Sobre as ruínas de tradicionais estruturas sociais, formaram-se novas associações voluntárias baseadas em interesses e crenças partilhadas, em vez de afiliações tribais e de parentesco. Com destaque para a progressiva derrota do sentimento de vergonha pelo de culpa. A gestação europeia do mundo moderno começou com a gradual criação de núcleos familiares monogâmicos e independentes.

Foi bem mais tardia a centelha inovadora necessária à generalização da leitura. Só brotou com a Reforma Protestante, a partir da obrigação de leitura da Bíblia imposta pela cisão aberta por Martinho Lutero em 1517. Aos poucos, o cérebro humano foi radicalmente renovado por sete fortes alterações neurológicas, entre as quais a turbinagem do canal de conexão entre os dois hemisférios, o chamado "corpo caloso".

Henrich procura mostrar como a evolução cultural, na esteira da crescente urbanização, também expandiu o cérebro coletivo da cristandade e alterou a mente das pessoas, catalisou inovações, reduziu a fertilidade e impulsionou o crescimento econômico.

Tais mudanças abriram gradualmente o fluxo de ideias, crenças, práticas e técnicas em uma extensa rede de mentes interconectadas e motivadas a produzir novos *insights* e desafiar velhas suposições. Isso ocorreu graças à alfabetização, à proliferação de sociedades científicas e ao alastramento de artesãos, acadêmicos e mercadores pelas cidades e vilas europeias. Este cérebro coletivo em expansão gerou o Iluminismo, promoveu a Revolução Industrial e continua a impulsionar o crescimento econômico e o desenvolvimento em todo o mundo.

No plano teórico, a grande contribuição de Henrich está no esclarecimento da relação entre as dimensões culturais e biológicas da evolução humana.

Partindo originalmente da hipótese da "coevolução gene-cultura", ele avançou para uma abordagem bem longínqua do ainda predominante equívoco de enxergar tão somente a dimensão genética da hereditariedade, ignorando-se as contribuições evolucionárias da epigenética, dos comportamentos entre todos os animais, e também dos símbolos entre os humanos.

O autor não opõe explicações "evolutivas" ou "biológicas" àquelas baseadas no "aprendizado" ou na "socialização". Em vez disso, destaca a centralidade da cultura mediante concepção evolutiva expandida. Procura explicar como a seleção natural moldou nossos cérebros de primatas para nos permitir aprender, de forma mais eficaz, as ideias, crenças, valores, motivações e práticas de que precisamos para sobreviver e prosperar em qualquer nicho ecológico e nos ambientes sociais que criamos.

Gracinha

Não poderia ser maior o contraste entre a obras de Joseph Henrich e do economista Robert H. Frank, professor de Cornell e colunista do *New York Times*. Muitos economistas brasileiros usaram algum de seus livros, particularmente dois manuais pedagógicos, traduzidos pela editora McGraw Hill. Ambos em coautoria com Ben Bernanke, ex-presidente do Fed laureado com o Nobel de Economia em 2022, que também foi editor da *American Economic Review* e chefe do departamento de economia de Princeton.

Porém, a maioria dos fãs de Frank é formada pelos que leram traduções de algumas de suas obras mais populares. E com linguagem bem menos hermética, se servem da nova "economia comportamental" para tratar de assuntos do tipo "enigmas do dia a dia", "mérito", "sucesso" e até "sorte".

Raros são, contudo, leitores que tenham tomado conhecimento de sua mais curiosa proposta: transferir a Charles

Darwin (1809-1882) a láurea de pai da ciência, derrubando do pedestal o filósofo escocês Adam Smith (1723-1790). Ele aposta que isto acabará por acontecer, mesmo que só daqui a um século.

Pode até parecer desafiante chacota, mas séria defesa de tal tese ocupa as 257 páginas de um dos quinze livros de Robert Frank. O título deveria ter sido *Darwin's Wedge* (*A cunha de Darwin*), mas o grande risco de suscitar piada com "*wedgie*" (cuecão) levou à troca por *The Darwin Economy* (Princeton, 2011).

O argumento salienta o choque entre as visões dos dois pensadores sobre a dinâmica competitiva. Segundo Frank, aquele tão benéfico efeito da "mão invisível", metaforizado por Smith, não passaria, na concepção darwiniana, de caso excepcional. Nesta — sempre segundo Frank — o interesse individual seria ordinariamente contrário ao coletivo.

Dois aspectos são espantosos. Primeiro, que, além da competição, nenhuma outra ideia de Darwin tenha merecido destaque. Segundo, que tenham sido solenemente ignoradas as reflexões dos muitos economistas que — ao menos desde Thorstein Veblen (1857-1929) — vêm revelando conexões bem mais robustas entre o materialismo darwiniano e as análises sociais. Úteis amostras estão nos vídeos do "Ciclo sobre a Teoria Darwiniana", realizado em 2022 e na edição 63 (2008) da revista *Estudos Avançados*, ambos do IEA-USP.

Bem pior, entretanto, é a consequência da operação. Pois a gracinha de Frank só ajuda a ampliar e reforçar a vulgata de um Darwin obcecado pela competição. Inferência até compreensível, se restrita à primeira metade de sua contribuição, exposta no célebre *A origem das espécies*, de 1859 (Clássica, 2021; Edipro, 2018; Ubu, 2018).

O problema é que a teoria darwiniana não pode ser razoavelmente entendida sem conhecimento de sua segunda metade, que precisou de mais onze anos para chegar às livrarias, com o título *The Descent of Man*. Inicialmente mal traduzido por *A origem do homem*, mas já corrigido, ao menos em francês, por *La Filiation de l'homme* (Éditions Slatkine, 2012).

Não há dúvida de que a esplêndida conjectura sobre uma impiedosa "seleção natural", eliminadora de grande parte dos menos aptos, é válida para todas as espécies, inclusive a humana. Mas se mostrou insuficiente demais para explicar o excepcional e recente processo civilizador. Para interpretá-lo, tornou-se obrigatório enfrentar a intrincada relação entre competição e cooperação.

Claro, hoje se sabe que também há imensa cooperação fora da espécie humana. As pesquisas biológicas cada vez mais revelam o papel central desempenhado, em toda a história da vida, por sinergias decorrentes de dinâmicas colaborativas. Na exata contramão do que supõe a doutrina "gene egoísta".

A despeito da longa e feroz resistência às descobertas de Lynn Margulis, hoje está reconhecida a relevância da simbiogênese, que realça os efeitos positivos de inter-relações entre indivíduos, sem negar as vantagens reprodutivas dos mais adaptáveis. A rigor, nem a vida teria surgido sem muita cooperação.

Porém, como as bactérias e os genes só despertaram o interesse dos cientistas entre o fim do século XIX e início do XX, Darwin não poderia ter sequer cogitado algo parecido. Só notou a magnitude da cooperação ao estudar a evolução humana.

Três afirmações conclusivas da obra, que já assoprou suas 150 velinhas, realçam o quanto a história da espécie humana levou-o muito além da teoria exposta em *A origem das espécies*: 1) no que diz respeito à natureza humana, outros fatores superaram a "luta pela existência", por mais que ela tenha sido importante e ainda o seja; 2) as qualidades morais avançaram muito mais devido às consequências dos hábitos, dos poderes do raciocínio, da instrução, da religião etc., do que de "efeitos da seleção natural"; 3) foram instintos sociais que proporcionaram o desenvolvimento moral.

Também, não deixa de ser interessante notar que o termo "competição", usado 44 vezes no primeiro grande livro, só teve catorze menções no segundo. Pois toda a ênfase de Darwin migrou para os "instintos sociais", que geraram fenômenos como a ajuda mútua e a ética.

As muitas formas de cooperação — quase ausentes do primeiro grande livro — adquiriram importância central no segundo. Sem elas, nem seria possível entender por que boas coesões sociais superaram inúmeras guerras. As tribos vencedoras, que foram vingando, tinham mais solidariedade e virtudes morais.

Export

Mas, como se sabe, a primeira grande obra também fomentou calamitosas exportações para as sociedades humanas. Essencialmente da suposição de que as circunstâncias ambientais só dariam chances aos mais capazes. Foram bem "dedutivos" os que — entre 1859 e 1871 — dela mecanicamente se serviram como álibi para a hedionda prática da eugenia. Ou os que, mais tarde, a isolaram para promover a efêmera ideologia do "darwinismo social".

Já a segunda grande obra demonstra, com muita clareza, que o processo civilizador radicalmente contrariou a "seleção natural". Lei geral que, aliás, continua a ser amesquinhada a uma "força" ou, pior, a um "mecanismo", até por respeitados teóricos da biologia. E que é muito mais parecida a uma espécie de peneiramento, ou triagem, do que a uma verdadeira seleção.

O impreterível, então, é constatar que, entre os humanos, a seleção natural escolheu o seu contrário. Muitos certamente enxergarão nisto um "paradoxo" e alguns até uma "transcendência", em vez de apenas "oposição" ou "contradição". Mas a teoria darwiniana não pode ficar sujeita a tais armadilhas.

Para ilustrar a unidade de contrários que caracteriza a teoria de Darwin, o grande especialista francês Patrick Tort se vale da proeza matemática de August Ferdinand Möbius (1790-1868). Foi quem primeiro explorou aquela imagem, hoje corriqueira, de anel, banda, faixa ou fita, resultante de colagem de suas duas extremidades após uma meia-volta. Inspiradora de longo e intrigante conto de Julio Cortázar e muito usada como logotipo, bem antes de simbolizar o metaverso de Mark Zuckerberg.

O recurso à imagem da proeza de Möbius chama a atenção para a possibilidade de se chegar ao oposto sem qualquer tipo de salto, descontinuidade ou ruptura. Também pode ter sido uma maneira de evitar confusos e espinhosos debates sobre as dialéticas. Além disso, é preciso destacar que, mais de onze anos antes, já acontecera a primeira revolução científica promovida por Darwin: a própria emergência lógica do princípio seletivo. Questões essenciais, que serão retomadas mais adiante.

Também foi só no *The Descent of Man* que Darwin desenvolveu reflexões sobre a seleção sexual, apenas esboçadas em *A origem das espécies*. Âmbito em que o nexo entre os combates dos machos e as escolhas das fêmeas também ilustra complexo vínculo entre competição e cooperação.

Em suma, tudo depõe contra os que ingenuamente segregam a primeira grande obra de Darwin, como se ela contivesse todo o seu contributo à teoria da evolução. Atitude comum, como testemunhou o constrangedor silêncio, no Brasil, sobre os 150 anos da segunda.

MAIS DE ONZE ANOS DEPOIS

Poucos se dão conta, mas foi bem provisória a publicação, em 1859, de *A origem das espécies por meio de seleção natural ou A preservação das raças favorecidas na luta pela vida*, que muitos adoram chamar de "o grande livro de Charles Darwin".

Tão provisória, pois, graças à mais sensata das precauções, Darwin só inseriu uma frase sobre nossa espécie. Embora tivesse os humanos como "o mais alto e o mais interessante problema para um naturalista", ele não foi ingênuo sobre o risco de banimento pelos *establishments* anglicano e vitoriano.

Em decorrência, só se pode chegar a uma razoável compreensão do pensamento de Darwin integrando o que, somente mais de onze anos depois, ele revelou sobre nós. Catatau publicado em 24 de fevereiro de 1871, com título menos profuso: *The Descent of Man, and Selection in Relation to Sex*.

Tendo em vista que esta segunda grande obra é absolutamente indispensável para que realmente se possa entender a teoria darwiniana, é imprescindível que se pergunte: quais foram os proféticos acertos, em meio aos muitos chutes não confirmados?

Exatamente o que levou o paleoantropólogo Jeremy M. DeSilva, do Dartmouth College, a reunir dez contribuições, de colegas de peso, revisando o conteúdo do *The Descent of Man*, quase capítulo por capítulo. Não tanto como celebração, mas, principalmente, como tributo ao *modus operandi* da ciência.

Na introdução, Janet Browne, professora de história da ciência em Harvard, realça que o livro de Darwin sobre a humanidade deve ser visto como "a metade faltante", ou "ausente", de *A origem das espécies*. Porém, nem chega a mencionar que o processo civilizador se opôs à seleção natural.

Tão chocante lacuna poderia ter sido amenizada pela revisora do capítulo conclusivo, a premiada jornalista científica Ann Gibbons, principal redatora de evolução humana na revista *Science*. Bastaria que tivesse chamado a atenção para três fortes argumentos de Darwin destacados acima, mas que merecem repetição: "Na natureza humana, outros fatores superaram a luta pela existência, por mais importante que ainda o seja". "As qualidades morais avançaram muito mais devido às consequências dos hábitos, dos poderes do raciocínio, da instrução, da religião etc., do que de efeitos da seleção natural." "Foram instintos sociais que proporcionaram o desenvolvimento moral."

Qual poderia ser o motivo de tanta falta de atenção às passagens em que Charles Darwin quase chega a dizer, literalmente, que, entre os humanos, a seleção natural acabou por escolher e eleger o seu contrário? Este sim, *"a most interesting problem"*.

A belíssima coletânea montada por Jeremy DeSilva dá forte impressão de que a maioria dos pesquisadores da evolução humana são muito mais atraídos por questões empíricas. Preferem mil vezes apurar e interpretar as mais recentes

Sobrevoo

evidências fósseis, do que refletir sobre a dimensão teórica do materialismo darwiniano. Daí os capítulos que arrombam portas abertas, ao ressaltarem o quanto Darwin não se despiu de racismos e machismos dominantes em sua época.

Claro, é importantíssimo denunciar os perigos de tais influências, mas também é rematado anacronismo fazê-lo em detrimento do âmago de sua ampla conjectura. Também abreviável: abundantes variações são incessantemente peneiradas pelas exigências das circunstâncias ambientais, só remanescendo, *grosso modo*, as razoavelmente adaptáveis.

O que não vale apenas para populações naturais, mas também para as instituições sociais, desde que genericamente entendidas como "regras do jogo". Ao deixar de fora este âmago filosófico da teoria darwiniana, a coletânea lançada pela Princeton University Press também escondeu as três mais importantes diferenças entre a evolução biológica e a mudança cultural.

A mais óbvia está na enorme capacidade que tem a cultura — e que costuma faltar à natureza — para a rapidez explosiva. Num piscar de olhos geológico, a mudança cultural transformou a superfície do planeta como nenhum acontecimento da evolução natural poderia ter jamais conseguido, nas escalas darwinianas de miríades de gerações.

Em segundo lugar, a evolução natural é essencialmente um fenômeno de proliferação contínua. Quando uma espécie se separa de sua linha ancestral, isto é irreversível. As espécies não se amalgamam ou se juntam com outras. Elas interagem em imensa variedade de ecossistemas, mas não podem se juntar fisicamente em uma única linha reprodutiva.

Em terceiro lugar, os organismos não calculam o que seria melhor para eles, nem desenvolvem tais características adaptativas durante suas vidas. Só excepcionalmente transmitem eventuais aperfeiçoamentos para seus descendentes, sob a forma de uma hereditariedade alterada.

É deplorável, então, que a coletânea tenha perdido tão boa oportunidade para ajudar o materialismo darwiniano a ser mais bem entendido. O que não lhe tira o grande mérito de ter bem aproveitado os 150 anos do *The Descent of Man* como gancho para excelente balanço dos atuais conhecimentos paleoantropológicos.

Porém, como enfatizado mais acima, a grande pergunta teórica se refere à conexão que talvez possa existir entre a teoria materialista de Charles Darwin e as mais avançadas investigações dos pesquisadores adeptos das chamadas "novas ciências da complexidade". Mesmo os melhores deles não a estabelecem.

UM FÍSICO BEM FORA DO COMUM

É *avis rara* um físico teórico que mergulhe na biologia para examinar surpreendentes regularidades e similaridades entre os seres vivos e compará-las às das cidades.

Mais: que depois se sirva das decorrentes deduções matemáticas para sugerir teoria da sustentabilidade global, ancorada nos contrastes entre ritmos de crescimento naturais e socioeconômicos. Tudo em exposição apoiada em 81 figuras e 19 ilustrações, sem uma mínima equação.

Foi o que fez Geoffrey West em livro, com o hermético título *Scale*, seguido de um profuso subtítulo: *The Universal Laws of Growth, Innovation, Sustainability, and the Pace of Life in Organisms, Cities, Economies, and Companies.*

A obra de West foi considerada "eloquente" pela *Nature* e "fascinante" pela *Science*. Também ganhou empolgados elogios de pensadores tão díspares quanto Niall Ferguson, Martin Rees, Nassim Nicholas Taleb e Stewart Brand.

Proeza de um pobre caipira britânico, hoje octogenário, que, ao se formar em Cambridge, em 1961, partiu para uma

Sobrevoo

pós-graduação em Stanford, encarando dez dias de navio, entre Liverpool e Montreal, mais dois ônibus para a Califórnia, com pernoite em Chicago. Depois de doutor, em 1966, e de três pós-docs (Cornell, MIT e Harvard), voltou a Stanford como docente. Mas não por muito tempo...

Em 1975, fisgado pelo célebre laboratório nacional de Los Alamos, no Novo México, envolveu-se no que poderia ter sido o maior desafio de engenharia de todos os tempos: o Superconducting Super Collider (SSC). Uma espécie de gigantesco microscópio, capaz de revelar estruturas e dinâmicas dos mais fundamentais constituintes da matéria. Projeto cancelado pelo Congresso, em outubro de 1993, malgrado os 3 bilhões de dólares investidos.

Tamanha reversão de expectativa gerou a oportunidade que lhe faltara para o resgate de um velho sonho. Já cinquentão, decidiu enveredar pela biologia, com a vontade de lhe dar rigor matemático. E o tema que logo lhe pareceu mais atraente foi o mistério do envelhecimento e da morte, algo que, para sua surpresa, não contava com grande interesse dos pesquisadores do ramo.

Por um tremendo golpe de sorte, logo esbarrou no livro *On Growth and Form*, publicado em 1917 pelo excêntrico biólogo transdisciplinar Sir D'Arcy Wentworth Thompson, longínquo precursor das incipientes "novas ciências da complexidade". Leitura que o encorajou a estudar o papel da transformação de energia na manutenção da vida. Para, em seguida, se perguntar por que ambos têm fim, tanto o metabolismo quanto a própria vida.

Foi o que levou Geoffrey West ao vizinho Instituto Santa Fé (Santa Fe Institut), também no Novo México, fundado em meados da década de 1980 por veteranos de Los Alamos e alguns prêmios Nobel, como o primeiro centro de pesquisas teóricas sobre os mistérios da complexidade. E foi lá que teve a segunda grande sorte: encontrar o biólogo James

Brown, presidente da Ecological Society of America, fundador da macroecologia.

A primeira síntese dos resultados de tão frutífera colaboração não demorou muito a ser publicada, pela *Science*, em 1997. Artigo com um título que talvez permita uma boa aproximação do conteúdo da primeira metade do livro *Scale*: "A General Model for the Origin of Allometric Scaling Laws in Biology" ("Um modelo geral para a origem das leis de escala alométrica na biologia").

Para trocar em miúdos, o essencial é dizer que alometria é o ramo da biologia voltado às relações de escala entre atributos morfológicos. Investiga como se alteram, com o tamanho, certas formas e características dos seres vivos. Por exemplo, em aves, entre tamanho de asa e o desempenho do voo. Ou, em geral, entre taxa metabólica e tamanho do corpo.

Em princípio, pareceria bem improvável encontrar regularidades, ou similaridades, neste gênero de relações. Afinal, o caráter aleatório da evolução deu origem a imensa biodiversidade. Órgãos, tipos de célula, genomas etc., todos evoluíram em seu próprio e único nicho ambiental e percurso histórico.

Todavia, West e Brown descobriram exatamente o inverso, em todos os casos examinados. Dos quais o mais impressionante talvez seja o fato de ser praticamente idêntico o número médio de batidas do coração no tempo de vida de qualquer mamífero. Dos ratos às baleias, passando por caninos ou humanos.

Ainda mais espantoso, contudo, é que leis de escala semelhantes valem para essencialmente todas as quantidades fisiológicas e eventos de história de vida, incluindo taxa de crescimento, frequência cardíaca, taxa evolutiva, comprimento do genoma mitocondrial, densidade da massa cinzenta cerebral, expectativa de vida, altura das árvores e até mesmo o número de suas folhas.

Sobrevoo

Neste estonteante mundo das leis de escala, todas elas têm a mesma estrutura matemática. Do lado da vida, todas são governadas por um expoente que sempre é um simples múltiplo de um quarto (1/4), sendo o exemplo clássico os três quartos (3/4) para a taxa metabólica. Se dobra o tamanho de um mamífero, sua frequência cardíaca diminui em cerca de 25%.

Crescimento

Foi somente após uns dez anos de pesquisas sobre tais fenômenos que Geoffrey West passou a também estudar as cidades, beneficiado por um terceiro golpe de muita sorte. Desta vez, o encontro com Luis M. A. Bettencourt, também físico teórico, de origem portuguesa, com doutorado no londrino Imperial College, que fora trabalhar no laboratório de Los Alamos, depois de três pós-docs, um dos quais no MIT. Não demorou para também integrar o Instituto Santa Fé e logo se tornar uma das mais respeitadas autoridades científicas sobre cidades.

Crescimento, inovação, escala e ritmo de vida nas cidades são os quatro pilares das análises lideradas por Bettencourt, com a participação de West, que tomam quase toda a segunda metade do livro *Scale*. Mostram que, conforme as cidades crescem, há um intrigante aumento de 15% de todas as atividades socioeconômicas, boas ou más, e equivalentes 15% de abatimento em suas infraestruturas físicas.

Ou seja, em nenhum caso há crescimento linear. Ele é claramente mais do que linear (superlinear) quando se considera a geração de patentes, ou a criminalidade, por exemplo. Mas ele é menos que linear (sublinear) para as redes de água, luz ou transporte. Mais além, o crescimento econômico e social, em seu conjunto, tenderia a ser bem mais que superlinear, revelando-se superexponencial. Ou hiperbólico, para usar um sinônimo.

Foi a partir de tais discrepâncias que West se arriscou a esboçar, lá no finzinho da obra, ideias essenciais para uma futura teoria da sustentabilidade global.

Começa lembrando que, entre os seres vivos, o crescimento é impulsionado pelo metabolismo, cuja escala sublinear leva a um tamanho previsível e aproximadamente estável na maturidade. E que tal comportamento é diametralmente oposto ao das sociedades humanas nos últimos séculos. Cidades ou nações só são consideradas saudáveis se experimentam contínuas expansões, de, no mínimo, alguns pontos por cento ao ano.

O crescimento limitado, em biologia, obedece à escala sublinear da taxa metabólica, enquanto a criação de riqueza, ou a inovação (medida pela produção de patentes, por exemplo), seguem escalas superlineares, que levam a crescimento ilimitado, muitas vezes mais rápido do que exponencial.

O grande transtorno de tal oposição tem um nome técnico, que o próprio autor considera "proibitivo": singularidade de tempo finito. Um crescimento deste gênero não poderia ser mantido sem acesso a recursos infinitos, a menos que induzisse profundas mudanças de "paradigma", capazes de tudo reiniciar antes que surgisse o potencial colapso.

Se o crescimento ilimitado vem evitando a catástrofe, é graças a ciclos contínuos de radicais inovações tecnológicas, ditas "paradigmáticas", como aqueles associados às descobertas do ferro, do vapor, do carvão, da computação e, mais recentemente, das redes digitais. Tudo devido à extraordinária engenhosidade da mente humana coletiva.

Outra grave dificuldade, contudo, é que tais descobertas tendem a surgir em ritmo cada vez mais acelerado. O tempo entre as novidades disruptivas é sistematicamente e inextricavelmente encurtado. Por exemplo, foi só de uns vinte anos o intervalo entre a "Era do Computador" e a "Era da Informação Digital", em forte contraste com os milhares de anos entre as idades da pedra, do bronze e do ferro.

Se a humanidade insistir em crescimento socioeconômico contínuo e aberto, diz West, não somente o ritmo de vida será cada vez mais acelerado, mas as inovações tecnológicas também precisarão surgir com cada vez mais rapidez. Tudo como se os humanos estivessem experimentando uma sucessão de esteiras rolantes em disparada e fossem obrigados a pular de uma para a outra, de modo cada vez mais ligeiro.

O autor enfatiza que, por não ser sustentável, tal dinâmica levaria à quebradeira de todo o conjunto socioeconômico urbanizado. Se deixado sem controle, o padrão do crescimento socioeconômico moderno semearia sua inevitável ruína. Por isso, se pergunta se não estaríamos reféns de um fascinante experimento evolucionário fadado ao fracasso.

Já o leitor poderá levantar a suspeita de que West esteja dando por favas contadas que não seria transitório o padrão de crescimento socioeconômico observado desde a Revolução Industrial. Principalmente se notar que a tese se baseia em observações sobre as recentes megalópoles.

A visão de crescimento hiperbólico também confundiu demais os demógrafos, até meados do século passado. Porém, a desaceleração das últimas décadas revela uma inflexão e passagem para o que poderia ser visto como uma espécie de calmaria. Por extensão, pode-se supor que muitos outros fenômenos também venham a sofrer desaceleração, e até estabilização, em etapa posterior de sua evolução. Por mais que, neste momento histórico, estejam sendo vertiginosos.

De qualquer forma, esta é uma crítica que só diz respeito ao que West deixou para o último capítulo, desfecho em que prevaleceram conjecturas bem mais especulativas, distantes das sóbrias análises, apresentadas, de forma bem mais tranquila, nos densos oito capítulos do miolo do livro.

De resto, mesmo que o prognóstico preferido por West seja cético sobre a possibilidade de um futuro sustentável, seu fundamento é idêntico ao do extremo otimismo de Ray Kurzweil, no best-seller *The Singularity Is Near: When Humans Transcend Biology* (*A singularidade está próxima: quando os humanos transcendem a biologia*), de 2005. Ambos descartam a hipótese de uma madura atenuação, ou de um relaxante Antropoceno.

Frenético ou relaxante?

Na matemática, a singularidade é um tipo de anomalia, ou exceção, talvez mesmo uma aberração. O exemplo mais banal resulta da divisão, por zero, do número um. Operação que leva a algo bem difícil de se imaginar: o infinito.

Tal noção mostrou-se extremamente útil quando a cosmologia precisou apontar a fonte do *Big Bang* e o centro de um buraco negro. Duas conjecturas das mais abstratas, mas que foram bem difundidas por Stephen W. Hawking, em seu ultra best-seller *Uma breve história do tempo*, lançado em 1988, com introdução de Carl Sagan.

Só que, uns trinta anos antes, o grande teórico John von Neumann (1903-1957) já usara o mesmíssimo termo para se referir ao inverso, o futuro. Para ele, as questões humanas, como as conhecemos, teriam que ser subvertidas, pois a sempre maior aceleração do progresso tecnológico estaria indicando a aproximação de alguma "singularidade essencial".

Foi neste sentido — de singularidade tecnológica, em vez de gravitacional — que a ideia passou a ser mais adotada. Desde 1993, pelo tino do cientista da computação Vernor Vinge, e de forma espetacular, a partir de 2005, com o lançamento do já citado livro *A singularidade está próxima*, de seu colega Ray Kurzweil.

Sobrevoo

Não se sabia, mas idêntica reflexão vinha sendo desenvolvida por vários outros físicos, sobretudo na Rússia. E não poderia ter demorado para que o tema também entrasse na agenda dos acadêmicos adeptos da já mencionada "*Big History*", fundadores, em 2010, da International Big History Association (IBHA).

Pois foi de um tão peculiar nicho científico que saiu, pela Springer, a parruda coletânea *The 21st Century Singularity and Global Futures: A Big History Perspective*, editada por Andrey V. Korotayev e David J. LePoire (2021).

Seus 25 autores, de amplo leque de disciplinas, concordam em vislumbrar momento de inflexão, em meados deste século, a partir do qual é bem provável que as questões humanas deixem mesmo de ser como as conhecemos. Mas também mostram não haver qualquer consenso sobre o significado, consequências e mais prováveis impactos civilizacionais do fenômeno.

Entre as muitas divergências expostas, a que mais precisa ser conhecida incide sobre a própria análise da aceleração do progresso tecnológico e de suas inerentes dimensões socioeconômicas.

Kurzweil qualifica tais evoluções de "exponenciais", embora também deixe escapar, em vários momentos, que parecem ter sido mais do que isso, movimentos "duplo exponenciais". Vai além ao esmiuçar o que entende por "Lei dos Retornos Acelerados", induzindo o leitor a pensar que certas mudanças evolutivas mais recentes estejam sendo superexponenciais ou hiperbólicas.

O problema, como já foi dito, é que isso não foi confirmado pelo crescimento da população mundial. Lá no início, ele pode ter sido exponencial, e, mais tarde, chegou a ser superexponencial, ou hiperbólico. Mas a desaceleração das últimas décadas revela uma inflexão e passagem para o que seria uma espécie de "maturidade".

Este tipo de evolução, cuja melhor representação gráfica é uma espécie de "S" deitado, corresponde ao que, na matemática, é uma curva "logística" ou "sigmoide". Pode-se supor, por extensão, que muitos outros fenômenos — a começar pelo progresso tecnológico — também poderão sofrer desaceleração e eventualmente estabilização em fases posteriores de sua evolução, apesar de sua vertiginosa velocidade atual.

É por este motivo que os dois editores da coletânea, assim como vários dos demais autores, preferem se distanciar dos "singularistas", apelido dado aos seguidores de Kurzweil. Salientam a hipótese de madura atenuação.

Tal hipótese não impede que venha a ocorrer a singularidade evocada por John von Neumann. A diferença é que, depois, a humanidade viria a abrandar sua marcha, em vez de intensificar a disparada avistada por Kurzweil.

Outra dimensão dessa coletânea, merecedora de muita atenção, está no vínculo, estabelecido por alguns autores, com um movimento cultural ainda pouco conhecido: o "trans-humanismo".

Para seu principal líder, o filósofo Nick Bostrom, trata-se de afirmar a possibilidade de melhorar a condição humana pelo desenvolvimento e disponibilização das tecnologias que mais poderão turbinar nossas capacidades intelectuais, físicas e psicológicas. Inclusive a possibilidade de criarmos o que ele chama de "superinteligência", mediante máquinas mais argutas do que nós.

Tudo isso pode parecer por demais estratosférico ou fictício, mas não deixa de ser uma séria ponderação sobre o cerne da grande utopia deste século, o desenvolvimento sustentável. Afinal, para que a recente aventura civilizadora continue compatível com as condições naturais que a geraram, com certeza será imprescindível alguma profunda mudança evolutiva, ainda neste século. A grande dúvida é se esse fim do Antropoceno será frenético, como querem os singularistas, ou relaxante, como preveem seus críticos.

O que ambos mais têm em comum é uma espécie de desdém pelo revolucionário pensamento de Charles Darwin (1809-1882).

Nova síntese extendida

Ao longo de século e meio, as ideias originais de Darwin passaram por quatro reciclagens atualizadoras, denominadas "neodarwinismos": 1) o do alemão August Weismann (1834-1914); 2) o da chamada "Síntese Moderna" (1930-1960); 3) o "molecular", decorrente da revelação da estrutura do DNA; 4) e o do "gene egoísta", proposto pelo famoso zoólogo Richard Dawkins, também inventor da natimorta "memética".

Desde a virada do milênio, está em curso a quinta revisão, chamada de "Síntese Expandida", resultante de três fatores. Por um lado, o advento da epigenética, área da biologia que estuda três tipos de mudanças fenotípicas não causadas por alterações na sequência do DNA. Por outro, razoável conhecimento sobre a hereditariedade cultural, tanto de comportamentos quanto simbólica. O destaque vai para a hipótese de "coevolução gene-cultura".

Este quinto progresso da teoria darwiniana teve uma de suas melhores exposições no livro *Evolution in Four Dimensions* (*Evolução em quatro dimensões*), de Eva Jablonka e Marion J. Lamb, publicado no Brasil em excelente tradução do jornalista científico Claudio Angelo. Obra que está muito longe de qualquer obsolescência, embora relativamente antiga, pois lançada em 2005 pela editora do MIT.

O que se nota nas universidades, porém, é ignorância sobre os próprios rudimentos da teoria darwiniana. Não se domina a própria noção de "seleção natural", genial conjectura que aguardou uns dez anos para ser publicada. Nem se conhece sua intrigante adequação ao gênero *Homo*, ao *Sapiens* e à civilização, que ainda precisou esperar mais de onze anos. Pior: são extremamente frequentes as referências à teoria da evolução — no singular — como se não existissem, ao menos, mais de meia dúzia pós-Darwin. E permanece generalizado o equívoco de que as ideias de Darwin só digam respeito à biologia.

Esta última deficiência talvez seja a mais compreensível, pois são poucos os pesquisadores que perceberam a utilidade cognitiva da conjectura de Darwin para outras disciplinas, das ciências e das Humanidades. Mas eles existem.

O problema está na dificuldade de explicar para leigos, em prosa, como a teoria darwiniana ajuda a entender até a transição do universo quântico (em geral tido como exclusivamente subatômico) à realidade que enxergamos.

Tal proposição tem prosperado, desde 2003, graças à pioneira pesquisa do físico norte-americano, de origem polonesa, Wojciech H. Zurek, do laboratório Los Alamos. Em 2022, foi tema da tese de doutorado de Roberto Dobal Baldijão, no Instituto de Física da Unicamp, com o título *Quantum Darwinism and Contextuality*.

Ótima apresentação desta tese, pelo jornalista científico José Tadeu Arantes, saiu no boletim *Agência Fapesp*, de 29 de março de 2022. A certa altura, diz que "a interação de um sistema físico com o seu ambiente seleciona certos comportamentos e descarta outros. E que os comportamentos triados por esse tipo de 'seleção natural' são exatamente aqueles que correspondem à descrição clássica".

Então, a pergunta que se impõe é a seguinte: qual seria mesmo o cerne da primeira revolução darwiniana, chamado, por alguns, de "princípio filosófico" e, por outros, de "algoritmo"? Algo capaz de ser tão útil, desde as ciências da vida até a mecânica quântica, passando pela teoria constitucionalista?

A resposta não é simples: novidades capazes de se reproduzir costumam resultar, ou emergir, da contradição entre imensas variações endógenas e fortes pressões exógenas. As variantes com mais chances de vingar são as que subsistem a modos de triagem impostos, por antinomia, entre, de um lado, uma quase completa aleatoriedade e, de outro, a poderosa imposição de limites.

Não será mera coincidência se houver alguma semelhança com o que tem sido, de maneira confusa, chamado de "dialética".

DIALÉTICAS

São tantas e tão intrincadas as pertinentes dúvidas filosóficas e científicas sobre a dialética, que não se deve supor que leitores deste livro queiram dar atenção e disponham de tempo para cogitações sobre algo por demais afeito às herméticas e enigmáticas revistas acadêmicas.

Aposta-se, aqui, no oposto, pois existe boa dose de mistificação na ideia de que questões científico-filosóficas não possam ser "trocadas em miúdos", de forma razoável. Além disso, esta aposta talvez até venha a estimular revisões sobre precários hábitos mentais, extremamente comuns.

Antes de tudo, é preciso destacar a necessidade do múltiplo. Há muito deixou de ser razoável referir-se à dialética, no singular. Nem tanto por se tratar de ideia que mudou da água para o vinho, ao longo de 2.500 anos. Muito mais devido à proliferação, nos dois últimos séculos, de inúmeras modalidades, versões e interpretações. Pior, engendrando discussões filosóficas tão babélicas, que até grandes pensadores optaram por considerá-la discurso inválido e ilegítimo.

Porém, existem poucas noções tão relevantes no âmbito do que se pode entender por "lógicas". Por mais que tenha sofrido forte erosão, imposta, principalmente, por soviéticos, maoistas e simpatizantes, o que sobrou permanece essencial, em diversas áreas do conhecimento. Para constatá-lo, basta uma busca no Google. Saltará aos olhos que o núcleo duro e força propulsora dos movimentos dialéticos é a "contradição", que alguns poucos preferiram chamar de "tensão". Isto é, a ideia de que contrários podem se nutrir um do outro, completando-se enquanto se opõem.

Qual poderia ser um bom exemplo? Em âmbitos evolucionários, antes de tudo, o da relação entre continuidade e descontinuidade. São coisas simétricas, mas é muito raro (se houver) algum fenômeno dinâmico em que elas não sejam simultâneas. Em geral, não há como entender movimentos e suas transições supondo-se que "isto não pode ser aquilo". Quase sempre, só se pode entendê-los se preferirmos o "também", o "do mesmo modo" ou o "ao mesmo tempo".

Esta questão é das mais decisivas para a compreensão das principais dinâmicas históricas da Terra. O mais comum é considerar que elas sejam três: a inorgânica (físico-química), a da vida (biológica) e a humana (cultural). Não tem cabimento a ideia de que sejam três compartimentos estanques, sem transições, com suas continuidades e descontinuidades. Porém, há quem troque tais dialéticas pelo obscuro fetiche da "transcendência", ao se referir à passagem de uma dinâmica à seguinte.

Também é discutível a visão de que só sejam três as grandes dinâmicas históricas da Terra. Principalmente, porque o "processo civilizador" é tão diferente da "natureza humana" quanto a biologia é da física ou a cultura é da biologia. Então, mesmo que a melhor teoria sobre a evolução tenha sido proposta para a segunda dinâmica — a da vida — talvez também possa ser verdadeira, mesmo que de outras maneiras, para a dinâmica precedente (inorgânica) e para as subsequentes (natureza humana e processo civilizador).

Desde o fim do século XIX houve quem admitisse tal hipótese. Mas foi só a partir dos anos 1980 que surgiu um movimento intitulado "darwinismo universal", propagado pelo website <https://www.universaldarwinism.com/>. Um grande exagero, com certeza, pois a teoria darwiniana só é cabível para fenômenos que sejam amplamente diversos, múltiplos e coletivos. Por isso, a melhor alternativa tem sido a proposta, mais modesta, de um "darwinismo generalizado". Neste caso, a melhor referência é a obra do economista britânico Geoffrey Hodgson, especialmente no livro *Darwin's Conjecture*, de 2010.

O que foi dito acima não esgota os desentendimentos sobre o nexo entre evolução e dialéticas. Também há, por exemplo, uma espécie de vício em se deixar de lado, ou simplesmente ignorar, os dois tipos de contradições não antagônicas, em que os opostos se reproduzem em movimentos que podem ser ondulatórios ou embrionários. Além disso, continuam muito na moda os filósofos que rejeitaram a ideia de que alguma contradição (ou tensão) possa existir fora da mente humana, o que chega a escandalizar muitos cientistas. Por exemplo, os que estudam o desenvolvimento celular.

Ótimos esclarecimentos sobre tais problemas estão em enxuta publicação da J. Vrin, a mais tradicional editora francesa de obras filosóficas. A professora Claire Pagès foi muito feliz nas 126 páginas de *Qu'est-ce que la dialectique* (*O que é a dialética*). É deplorável que o livro ainda não tenha tradução no Brasil.

2.
ZOOM

Desde setembro de 2021, um notável grupo de pesquisadores da Ciência do Sistema Terra vem propondo algo que, segundo eles, poderia facilitar os debates sobre o tema: considerar o Antropoceno um "Evento" geológico, em vez de uma "Época" geológica (Bauer *et al.*, 2021; Gibbard *et al.*, 2021, 2022).

Caso tal proposta tenha chance de vir a ser considerada, em nada alterará as considerações apresentadas neste livro, pois tudo indica que isso não passaria de mera troca semântica. Provavelmente, também não mudariam muito suas repercussões junto às demais áreas do conhecimento.

Então, por enquanto, o que mais interessa é constatar que foram bem heteróclitas as reações do imenso caleidoscópio composto pelas Humanidades. Algo inevitável, talvez, dada a forte heterogeneidade das áreas de pesquisa.

No entanto, em certas redes científicas sua adoção foi imediata e tranquila, ao contrário de outras, em que permanece demorada e conflitiva. Motivo da divisão deste zoom em dois momentos bem distintos. O primeiro, direcionado apenas à Ciência da Sustentabilidade.

2.1. A CIÊNCIA DA SUSTENTABILIDADE

Assim como a Ciência do Sistema Terra, esmiuçada no meu livro de 2019, esta também é uma ampla articulação de pesquisadores que pretende romper com a propensão das teorias científicas à crescente especialização disciplinar.

Ao tentarem superar a histórica distância entre Humanidades e ciências, ambas se propõem a integrar conhecimentos necessários ao estudo conjunto e simultâneo das quatro grandes dinâmicas históricas da Terra: do planeta, da vida, da natureza humana e da civilização. Mesmo se referindo, com mais frequência, ao que seriam "três esferas" de um "sistema" — geosfera, biosfera e antroposfera — ou, de forma ainda mais restrita, aos dois termos do mais trivial binômio "natureza-sociedade".

Destes dois ambiciosos empreendimentos científicos, o que mais avançou foi o consagrado ao dito "Sistema Terra". Surgiu em meados da década de 1980, graças a dois fortes impulsos anteriores: a relutante adoção da teoria dos movimentos globais da litosfera, ou "tectônica de placas", pela velha Geologia; seguida, desde os anos 1970, pela influência da hoje célebre "Gaia", hipótese que tem incentivado muitos pesquisadores a enfrentar imenso desafio transdisciplinar.

Porém, algo mais consistente só desabrochou a partir de 1986-1988, nos relatórios "Earth System Science", da NASA. Como confirmou a ótima retrospectiva da "emergência e evolução" desta nova ciência, publicada em janeiro de 2020, na seção "Perspectives" da primeira edição mensal do novo periódico *Nature Reviews: Earth & Environment* (Steffen *et al.*, 2020).

Além desta bem-vinda recapitulação, foi publicado, em 2021, um ótimo livro de divulgação, prefaciado pela jovem ativista sueca Greta Thunberg, para o qual o autor principal

— Johan Rockström — contou com a preciosa ajuda do escritor Owen Gaffney: *Breaking Boundaries: The Science of Our Planet.*

Nada de comparável existe sobre a Ciência da Sustentabilidade, tão ambiciosa quanto, mas, com certeza, mais recente. Depois de estrear em importante relatório sobre sustentabilidade (NRC, 1999), evoluiu, ao longo dos vinte anos subsequentes, principalmente nas páginas do periódico *PNAS* (*Proceedings of the National Academy of Sciences of the United States of America*).

Mas, também, em outros dois, bem menos importantes: *Sustainability Science* e *Sustainability*. Chegou a ser mencionada no editorial da primeira edição mensal da revista *Nature Sustainability*, em janeiro de 2018, mas não tem sido muito relevante em suas pautas posteriores.

Não parecem existir, então, evidências realmente persuasivas sobre a conquista de legitimidade desta nova ciência transdisciplinar. Pode-se considerar que a "sustentabilidade" é objeto de pesquisas aplicadas — multidisciplinares, ou até transdisciplinares — mas sem teoria. A rigor, "sustentabilidade" parece ter emergido muito mais como um valor do que como conceito central de uma nova ciência (Scarano, 2019).

Daí a importância de se examinar o que pode haver de mais significativo sobre a Ciência da Sustentabilidade, principalmente para investigar se as dificuldades teóricas seriam semelhantes às enfrentadas pela Ciência do Sistema Terra. Neste sentido, a ambição deste subcapítulo é de ser uma contribuição apenas epistemológica à história das ciências, ainda bem distante de desejáveis e imprescindíveis abordagens sociológicas e antropológicas.

RETROSPECTIVA

Graças à publicação, pela revista *Science*, de curtíssimo artigo intitulado "Sustainability Science", foi que, principalmente a partir de maio de 2001, tal expressão (com maiúsculas) começou a ter algum impacto. Seis meses antes, seus 23 autores — principalmente ecólogos — haviam se encontrado em Friibergh (Suécia), para workshop sobre o tema, no qual o professor William C. Clark, de Harvard (autor-correspondente), parece ter tido papel mais protagonista que o titular: Robert W. Kates (pesquisador independente, após precoce título de emérito da Brown University). Duas décadas depois, o artigo permanece em primeiro lugar — com bem mais de 4 mil citações — em busca por "sustainability science" no Google Acadêmico (Kates *et al.*, 2001).

Foram assim realçadas as sete questões centrais da nova ciência: 1) Como as interações dinâmicas entre natureza e sociedade — incluindo defasagens e inércia — podem ser mais bem incorporadas em modelos e conceituações emergentes que integram o "Sistema Terra", o desenvolvimento humano e a sustentabilidade? 2) Como as tendências de longo prazo em meio ambiente e desenvolvimento, incluindo consumo e populações, estão remodelando as interações natureza-sociedade de maneiras relevantes para a sustentabilidade? 3) O que determina a vulnerabilidade ou resiliência do sistema natureza-sociedade em lugares, ecossistemas e modos de vida humanos? 4) Podem ser cientificamente definidos "limites" ou "fronteiras" que forneceriam um aviso efetivo das condições além das quais sistemas natureza-sociedade incorreriam em alto risco de grave degradação? 5) Quais sistemas de incentivos — incluindo mercados, regras, normas e informações científicas — podem efetivamente melhorar a capacidade social para orientar as interações entre natureza e sociedade para trajetórias mais sustentáveis? 6) Como os atuais sistemas operacionais de monitoramento e avaliação das condições ambientais e sociais podem ser integrados ou estendidos para fornecer orientações mais úteis para os esforços de transição para a sustentabilidade? 7) Como as atuais atividades relativamente independentes de planejamento, monitoramento, avaliação e suporte a decisões de pesquisa podem ser mais bem integradas aos sistemas de gerenciamento adaptativo e aprendizado social?

Este pioneiro artigo, na *Science*, também propôs estratégias de pesquisa e apontou seus requisitos institucionais. Mas, em termos teóricos, revelou duas sérias debilidades. Principalmente nas quatro primeiras perguntas, já que as demais tiveram mais caráter normativo, ou político-operacional, nem chegando a ser propriamente científicas.

A primeira debilidade está na referência a três fenômenos — "Sistema Terra, desenvolvimento humano e sustentabilidade" — a serem integrados em novos "modelos e conceituações". Como o texto deixa bem claro, os autores não consideravam o desenvolvimento humano como componente do "Sistema Terra", além de pretenderem integrar, a ambos, o recente novo valor "sustentabilidade". Depois, a notória ambiguidade do recorrente substantivo composto "natureza-sociedade", tratado simultaneamente como "sistema", "sistemas" ou "interações".

Diante de tão frágil argumentação em favor de se considerar a sustentabilidade como nova ciência, é até bem surpreendente constatar certa consagração da proposta nos últimos vinte e poucos anos. Por isso, antes de explorar alguns dos principais marcos de tal evolução, o melhor é, desde logo, chamar a atenção para o teor do primeiro editorial da *Nature Sustainability*, de janeiro de 2018.

Nota-se facilmente a principal diferença com a retórica de 2001: o grande realce dado à "complexidade inerente ao sistema humano-natural". Só mediante entendimento de tal complexidade se poderá garantir a durabilidade do sistema, diz o editorial: "Especialistas em sustentabilidade apreciam a inerente complexidade do sistema humano-natural e com ela trabalham. A visão deles é clara: só entendendo melhor essa complexidade é que poderemos iluminar nossas ações e garantir a perenidade do sistema" (*"Sustainability experts appreciate the inherent complexity of the human-natural system and work with it. Their view is clear: it is only by gaining a better understanding of such complexity that we can enlighten our actions and ensure that the system will last"*, *Nature Sustainability*, vol. 1, nº 1, janeiro de 2018).

O desafio da complexidade não havia sido, até então, omitido. Ao contrário, até havia surgido bem no início — embora com ínfimo destaque — nas 380 páginas de histórico relatório do National Research Council, baseado nos resultados de cinco seminários preparatórios, em 1996 e 1997 (NRC, 1999).

Porém, àquela altura ainda era muito pouco conhecido — e ainda menos utilizado — o parco conhecimento disponível sobre complexidade. A elaboração de tal relatório não contou com a participação de nenhum dos cientistas impulsionadores de seu embrionário desenvolvimento ao longo dos dez anos anteriores.

Mais: tal distanciamento teórico permaneceu durante o vertiginoso crescimento da literatura sobre a Ciência da Sustentabilidade, seja nas páginas do *PNAS* (o qual criara uma seção especial em 2006), ou em dois outros periódicos consagrados ao tema: o eletrônico *Sustainability: Science, Practice & Policy*, a partir de 2005, e o japonês *Sustainability Science*, a partir de agosto de 2006.

Nada de diferente ocorre no livro lançado, em 2011, pela Universidade das Nações Unidas. Considerou a nova ciência "multidisciplinar", em vez de inter ou transdisciplinar

(Komiyama *et al.*, 2011). Muito menos em pomposo, mas bem decepcionante, "relatório", lançado em 2015, por parceria da Elsevier com a SciDev.Net (Elsevier, 2015).

Enfim, é mais produtivo saltar para o primeiro sinal de clara mudança, em vez de colecionar ainda mais evidências sobre a massacrante inércia do padrão anterior, chamado de "sistêmico" (Rutherford, 2019), ou mesmo de "sistemologia" (Rousseau *et al.*, 2018).

Somente em dezembro de 2019 surgiu claro sinal de que pesquisadores interessados na Ciência da Sustentabilidade poderiam estar se dando conta de quanto sua ambição estaria na dependência de respostas científicas a uma problemática teórica bem mais profunda: a da "complexidade".

Este sinal está em um *working paper*, de 101 páginas, liderado pelo premiado ecólogo William C. Clark, de Harvard (Clark e Harley, 2019), justamente quem primeiro havia tratado do tema na *Science*, dezoito anos antes, como autor-correspondente (Kates *et al.*, 2001).

Em busca de síntese

Tão bem-vindo documento de trabalho descreve seis capacidades necessárias à promoção do desenvolvimento sustentável: 1) medi-lo; 2) promover equidade; 3) adaptação a choques e surpresas; 4) colocar o sistema em caminhos mais sustentáveis de desenvolvimento; 5) vincular conhecimento a ação; e 6) conceber arranjos de governança que apoiem ações coletivas capazes de nutrir recursos compartilhados, promover a equidade e enfrentar a incerteza na busca pela sustentabilidade.

Considerações sobre estas seis capacidades constituem o grosso das 101 páginas, depois de curto capítulo sobre alguns marcos teóricos. Mesmo assim, desde as primeiras linhas do *abstract*, seus dois autores — William C. Clark e a pós-doutoranda Alicia G. Harley — afirmam ter encontrado, no relevante *scholarship*, argumento convincente de que, no Antropoceno, as interações entre natureza e sociedade constituem um "sistema adaptativo complexo" interconectado globalmente, no qual desempenham papéis formativos: a heterogeneidade, os relacionamentos não lineares e a inovação.

Para Clark e Harley, a dinâmica de tal sistema poderia ser parcialmente guiada mediante intervenções apropriadas, mesmo na impossibilidade de ser totalmente prevista. Assim, além de sintetizarem os diversos tratamentos científicos da sustentabilidade, os autores procuraram construir uma "estrutura integradora" capaz de realçar os mais importantes elementos e relações para a compreensão de um estranhamente intitulado "Sistema Antropocênico" (*"Anthropocene System"*).

Então, antes de examinar as pouco mais de duas páginas consagradas à "complexidade" (tópico 2.3), é imprescindível apresentar e discutir a justificativa para tal neologismo.

Segundo a dupla, a expressão "Sistema Antropocênico" estaria se tornando cada vez mais popular em muitas tradições de pesquisa. Basicamente como alternativa às outras duas sem hífen: "Sistema Terra" e "Sistema Global". Ambas também voltadas a capturar o mesmo objeto de estudo da Ciência da Sustentabilidade, "cada uma com seus méritos e sua bagagem" (nota de rodapé 2, p. 1). Mas só "Sistema Antropocênico" exprimiria a ideia de um sistema cada vez mais marcado pelo entrelaçamento global e íntimo da natureza e da sociedade.

Tal afirmação chega a ser bizarra, pois a ideia de Antropoceno está se tornando cada vez mais popular como nova Época, pós-Holoceno, não "sistema". Pior: ocorrências da expressão *"Anthropocene System"* continuam simplesmente nulas, além de ser bem duvidoso o uso de "sistema" — no singular — para designar o cada vez mais íntimo entrelaçamento entre natureza e sociedade.

Se não excluir algum dos principais componentes desse tal "sistema" — chamado de global, Terra ou antropocênico — qualquer adepto da sistemologia certamente será levado a pensar nas interações, ou articulações, entre quatro "subsistemas" — litosfera, biosfera, humanidade e civilizações — em vez da tão banal fórmula "natureza-sociedade". Assim, ele também seria levado a pensar nestes quatro organizados em outro, maior, que os totalizaria. Não seria melhor, então, se perguntar o quanto é razoável manter o padrão cognitivo do próprio "pensamento sistêmico" ou "sistemologia"?

Como enfatiza Edgar Morin (1977a: 140-205; 1977b), foi imenso avanço científico a ascensão da ideia de sistema para substituir a fixação em "objetos" autônomos e isolados, objetivamente submetidos a leis universais. Antes se pensava assim: a natureza de um objeto seria mais bem revelada pelo isolamento experimental e todos os fenômenos poderiam ser entendidos como composições ou mesclas de tais objetos, como elementos essenciais e reais detentores de suas propriedades fundamentais. Eram simplesmente proscritas referências ao ambiente do objeto, ou ao observador. E apenas como acessório era considerada sua organização.

No decorrer do século XIX, tão radical reducionismo triunfou em todas as áreas e domínios do conhecimento. Mas tal contexto, no qual o átomo era o objeto dos objetos — puro, inteiro, irredutível —, foi drasticamente subvertido no início do século XX. O átomo passou a ser visto como um sistema constituído de partículas em mútuas interações. E nem deu tempo para a partícula vir a ocupar o lugar anterior de unidade elementar: foi logo atingida por uma dupla crise, de ordem e de identidade, pois é impossível isolá-la de forma precisa no tempo e no espaço. Mesmo suas interações não podem ser separadas da observação, e ela hesita nessa dupla e contraditória identidade onda/corpúsculo.

Não bastasse, as partículas têm mais propriedades do sistema do que o próprio sistema tem das partículas. Então, o átomo passa a ser encarado sobre novas bases, como objeto organizado (ou sistema), não podendo mais ser entendido somente pela natureza de seus constituintes elementares. Ao contrário, tal entendimento está em sua índole organizativa e sistêmica, transformadora da própria natureza de seus componentes.

A partir daí, emerge uma dominante "sistêmica" comum a todos os rincões do conhecimento científico. Não tarda para se impor a todos os horizontes do conhecimento. O universo passa a ser concebido como um arquipélago de sistemas em um oceano de desordem.

Se algo parece ter demorado um pouco, foi a teorização de tão poderosa vitória da sistêmica: somente em 1950, tornando-se coqueluche na década de 1960. Mas a chamada "Teoria Geral dos Sistemas" nunca foi uma teoria "do" sistema, como bem cedo ressaltou Edgar Morin.

DÚVIDA EXISTENCIAL

A atual "sistemologia" já tem mais de setenta anos, se a referência for o trabalho, por muitos considerado seminal, de Ludwig von Bertalanffy, na *Science*, em 1950. Por isso, é fundamental conhecer o atual debate entre os membros da ISSS (International Society for the Systems Sciences), fundada, em 1956, como SGSR (Society for General Systems Research), pelo próprio Bertalanffy, na excelente companhia de Kenneth Boulding, Ralph Gerard e Anatol Rapoport.

Em 2007, surgiu forte contestação em seminário interno on-line, no qual se negou a própria existência de algo digno de ser chamado de "Teoria Geral dos Sistemas", na qual a expressão "Systems Science" foi qualificada de dúbio marketing (*"a dubious trademark"*): <http://www.newciv.org/ISSS_Primer/asem01cf.html>.

A resposta a tão séria dúvida existencial só foi dada oito anos depois, na 59ª conferência da sociedade, por um bem coeso quarteto de filósofos britânicos, sob a liderança de David Rousseau, fundador e diretor executivo do Centre for Systems Philosophy, além de presidente da ISSS. Veio na forma de um manifesto em favor de uma desejável "General Systems Transdisciplinarity", com balanço bem negativo dos setenta anos de esforços anteriores.

Segundo tal manifesto, desde os anos 1950 os pesquisadores de sistemas desenvolveram dezenas de teorias especializadas centradas em estruturas e comportamentos sistêmicos específicos. No entanto, permanece elusiva uma poderosa e integradora transdisciplina de sistemas. Ao mesmo tempo, com a especialização, veio uma divergência de visões de mundo e domínios de discurso, resultando em fragmentação prejudicial à capacidade do pensamento sistêmico de reunir respostas integradas aos atuais desafios. Não existe teoria unificadora para o campo dos sistemas (Rousseau *et al.*, 2016: 8).

Porém, três anos depois do lançamento do tal manifesto — e dez anos depois da grave provocação feita no citado seminário on-line —, outra contribuição do protagonista Rousseau, mas desta feita individual, apostou numa espécie de renascimento da abordagem sistêmica, apontando seis "avenidas" abertas à descoberta de princípios sistêmicos.

Ele ressalta a incipiência da compreensão científica da integridade de um sistema, apesar de as pesquisas sobre o tema terem surgido formalmente na década de 1950. Esta falha produz altos riscos para a engenharia e prática de sistemas complexos, diz Rousseau.

Para ele, os "princípios sistêmicos" seriam "heurísticas qualitativas", e a ciência de sistemas seria mais científica em termos de atitude e menos por qualquer base em conceitos claros e quantificáveis. O autor se propõe, então, a abrir caminhos para a descoberta de verdadeiros princípios sistêmicos. Para isso sugere as já mencionadas "seis avenidas" (Rousseau, 2017, p. 1).

Ora, se em 2017 o presidente da mais importante organização internacional do ramo faz uma proposta deste tipo, como é possível serem tantos os pesquisadores para os quais existe uma teoria geral sobre a questão? Só pode ser por tenderem a dar muito valor a avanços extraídos de suas pesquisas empíricas, sem dar importância à difícil dúvida epistemológica causada por tão polissêmico e cacofônico emprego do termo "sistema", gerador de infindável lista, além de quarenta teorias.

Para se dar conta, nada melhor do que consultas a estes três links: <https://en.wikipedia.org/wiki/Wikipedia: WikiProject_Systems/List_of_systems>; <https://en.wikipedia.org/wiki/List_of_types_of_systems_theory>; <https://en. wikipedia.org/wiki/Systems_theory>.

Aí está a filiação epistemológica das pesquisas sobre o "Sistema Terra", ou, como agora preferem Clark e Harley, sobre o "Sistema Antropoceno". Para saber a razão dessa dupla não se ter filiado à concorrente tradição da "Cibernética", seria necessário um exercício arqueológico. O problema pode estar, contudo, no contraste entre seu êxito tecnológico e sua heurística.

As ideias cibernéticas deram origem às modernas ciências cognitivas, mas não se mostraram tão transdisciplinares quanto as ideias sistêmicas. A rigor, não se realizou a esperança do movimento cibernético por uma ciência unificada, de controle e comunicação, talvez por ter tido menos conteúdo e mais extensão. A Cibernética abrangia uma variedade de assuntos muito díspares e seu aparato teórico era muito escasso e complicado para alcançar a unificação epistemológica desejada pelo movimento (Dupuy, 1994).

Mesmo assim, duas das principais precursoras da atual teoria da complexidade foram, com certeza, a cibernética e a sistêmica. Além delas, só parecem merecer menção algumas aplicações da física à sociologia, iniciadas no fim dos anos 1990 (Watts e Strogatz, 1998; Barabási e Albert, 1999; Albert e Barabási, 2002). Deram origem ao atual campo de pesquisas frequentemente chamado de "Ciência das Redes" (Barabási, 2002, 2010, 2014; Watts, 2003, 2011).

No texto de Clark e Harley não há qualquer sinal de reconhecimento da real importância de tamanha evolução cognitiva. Sim, tratam da "complexidade", mas superficialmente. Nem tanto por a terem relegado a pouco mais de duas páginas, consagradas a um dos cinco tópicos do segundo capítulo. Muito mais pelo próprio conteúdo do tópico, pois incorporou exclusivamente as repercussões da complexidade em pesquisas ecológicas, sem mínima referência à enroscada dinâmica mapeada por Brian Castellani, que merece muita atenção: <https://www.art-sciencefactory.com/complexity-map_feb09.html>.

Dois contrassensos

A diferença essencial entre complexidade e complicação está no fenômeno chamado de "emergência". Alguns exemplos certamente facilitam seu entendimento: a umidade *emerge* de interações entre moléculas de água em determinado intervalo de temperaturas, a sinfonia *emerge* da execução de muitos instrumentos individuais, ou a junção do cabo e da cabeça do martelo é capaz de fazer *emergir* a função intrínseca à ferramenta. São novidades qualitativas, resultantes da interação entre partes de um conjunto, mas ausentes em cada uma delas.

Mas este é um daqueles casos cujas aparências se mostram das mais enganadoras. Para se dar conta, basta uma espiada em qualquer dicionário ou enciclopédia de filosofia. Chega a ser quase incompreensível o debate sobre seus possíveis significados. Vem de 1875, teve um eclipse entre 1930 e 1950, e desde então ficou cada vez mais intrincado.

Tamanho imbróglio filosófico em nada atrapalhou, contudo, as contribuições do conceito de emergência para avanços científicos nos âmbitos da física, da biologia, da neurologia ou da matemática. Não é imprescindível alcançar as altitudes ontológicas da noção de emergência para tais proezas científicas ocorrerem e serem entendidas. Basta pragmaticamente adotar sua versão maliciosamente taxada de "fraca", por se restringir à epistemologia.

Continuam a ser chamados de sistemas todos os conjuntos de componentes nos quais há emergências. Do imune ao econômico, passando por um cérebro ou por um formigueiro, também não faltam exemplos análogos de amplas redes auto-organizadas fazendo *emergir* — mediante simples esquemas operacionais e sem qualquer controle central — sofisticados comportamentos e tratamento de informações. E a maior parte de tais conjuntos também tem capacidade adaptativa, seja por evolução, seja por aprendizado.

Então, pode-se distinguir os não adaptativos, chamados de "físicos" ("CPS" no acrônimo inglês), dos mais abundantes "sistemas adaptativos complexos" ("CAS").

Porém, a real importância de tal distinção divide grandes autoridades no tema. O físico norte-americano John Henry Holland (1925-2015) a tinha como fundamental, a ponto de separá-los em dois capítulos em seu último livro (Holland, 2014). Já a autora do melhor guia sobre complexidade, a cientista da computação Melanie Mitchell (2009), fez o inverso, com justificativa em mero parênteses — são adaptativos a imensa maioria dos sistemas tratados em seu livro *Complexity: A Guided Tour*: "*In this book, as most of the systems I do discuss are adaptive, I do not make this distinction*" (Mitchell, 2009: 13).

Isto aponta para a existência de dois sérios contrassensos no tratamento teórico dado à complexidade por Clark e Harley.

Primeiro, por extrapolarem o marco teórico prevalente em estudos sobre "sistemas socioecológicos" — todos sempre adaptativos (CAS) — para seu "Sistema Antropoceno". Seja lá o que possa ser tal coisa, ela não exclui sistemas não adaptativos (CPS).

Segundo, porque os estudos por eles referenciados não totalizam os sistemas estudados em algo parecido com o chamado "Sistema Terra", por mais que enfatizem interações diretas e crescentes entre as dimensões sociais e ecológicas.

Sobre o primeiro contrassenso, já diz tudo o próprio título da mais recente visão geral (*overview*) citada por Clark e Harley: "Social-Ecological Systems as Complex Adaptive Systems" (Preiser *et al.*, 2018). Trata-se de uma ótima síntese dos conhecimentos sobre o tema desenvolvidos por ecólogos, desde as pioneiras contribuições de Simon A. Levin, diretor do Center for BioComplexity de Princeton (Levin, 1998, 2002). Foi ele quem liderou dezessete expoentes de diversas disciplinas em artigo de muito peso sobre modelagem e implicações para políticas públicas desses mesmos sistemas adaptativos e complexos, como são os sistemas socioecológicos (Levin *et al.*, 2012). Mas, por só tratarem de sistemas vivos, nada mais normal os não adaptativos terem sido deixados de lado nessas duas contribuições.

É recorrente tal tendência em se considerar os sistemas socioecológicos como se fossem uma totalidade, mantendo esquecidos os sistemas não adaptativos, sem nada de "social", onipresentes na primeira das quatro dimensões da história da Terra, a inorgânica. O problema ocorre até em excelentes contribuições, como a de Schoon e Van Der Leeuw (2015).

Mais grave, contudo, parece ser o outro contrassenso, pois, no mais relevante trabalho destacado por Clark e Harley, seus três renomadíssimos autores — Kenneth Arrow, Paul Ehrlich e Simon Levin (2014) — evitam agregar ecossistemas e arranjos socioeconômicos em algum sistema singular, seja qual for o nome a ele atribuído. Discutem, claro, "ligações e paralelos" entre economia e biosfera, mas fazendo questão de tomar muita distância da hipótese Gaia, considerada frágil metáfora. Uma única vez cometem o deslize pleonástico *"global ecosystem complex adaptive system"*, sem adotar qualquer ideia parecida a "Sistema Terra" ou, ainda pior, "Sistema Antropoceno".

Torre de Babel

Como já foi dito, existem muitos exemplos de sistemas auto-organizados que produzem comportamentos complexos e processam informações sem nenhum controle central. Esses sistemas incluem desde processos biológicos, como o sistema imunológico e colônias de formigas, até redes econômicas. A maioria desses sistemas também é capaz de se adaptar e evoluir com o tempo, mediante mecanismos de aprendizado ou evolução. Esta talvez possa ser a mais concisa resposta à interrogação sobre o significado da complexidade.

Porém, mesmo desconsiderando inúmeras retóricas não científicas sobre o tema, é imensa a dispersão das abordagens propriamente científicas. Por isso, é impossível, por enquanto, vislumbrar razoável consenso. A situação seria menos insatisfatória se, ainda assim, ao menos já fosse possível organizar as aproximações disponíveis em algumas correntes ou tendências. Mas não. Quanto mais o pesquisador avança na exploração da literatura pertinente, mais aumenta a sensação de uma espécie de Torre de Babel.

Impossível notar qualquer tipo de convergência nos excelentes artigos publicados pelos cinco periódicos científicos mais consagrados ao tema. Por ordem de antiguidade: *Journal of Complexity* (desde 1985), *Complex Systems* (1987), *Complexity* (1995), *Complexity International* (1996), *Emergence: Complexity and Organization* (1999).

Quanto a livros, pode-se começar por selecionar alguns dos 51 recomendados neste site: <https://bookauthority.org/books/best-complexity-theory-books>. Sejam quais forem os critérios eliminatórios retidos, fatalmente se notará, entre os finalistas, sérias divergências nas possíveis maneiras de se entender a complexidade.

Não são obsoletas, portanto, duas coletâneas de entrevistas com pesquisadores da complexidade, publicadas nos primeiros anos do século: pelo marroquino Réda Benkirane (2002) e pelo mexicano Carlos Gershenson (2008). E a primeira traz no título os termos "promessas" e "vertigens".

Dá para entender, então, por que, no final do século passado, o jornalista científico John Horgan havia sido tão impiedoso e mordaz ao explorar os resultados de suas próprias entrevistas — realizadas até 1996 — com a dúzia dos principais pesquisadores, ironicamente tachados de "caoplexologistas": Ilya Prigogine, Stuart Kauffman, Murray Gell-Mann, Philip Anderson, John Holland, Seth Lloyd, Gregory Chaitin, Per Bak, Mitchell Feigenbaum, Joshua Epstein, Norman Packard e Christopher Langton.

Além de ressaltar a existência de 31 definições de complexidade (conforme uma misteriosa lista que teria sido compilada pelo físico Seth Lloyd), o livro de Horgan (1996) sobre os limites de conhecimento científico revela, no demolidor

Zoom: A Ciência da Sustentabilidade

oitavo capítulo, muitas incoerências, mesmo no interior do coeso grupo pioneiro fundador do Instituto Santa Fé, a partir do Laboratório Nacional de Los Alamos.

Também estão bem longe de convergir a dúzia das melhores obras introdutórias disponíveis: M. Szilagyi (2017), W. B. Arthur (2015), J. H. Miller (2015), J. Holland (2014), M. Mitchell (2009), N. Johnson (2007), N. Rescher (1998), S. Kauffman (1995), M. Gell-Mann (1994), R. Lewin (1992), M. Waldrop (1992) e J. T. Bonner (1988).

Cabe perguntar, então, se não seria ilusório (ou mesmo ingênuo) o grande entusiasmo com os "sistemas adaptativos complexos" por parte dos desbravadores da Ciência da Sustentabilidade, como é o caso dos dois citados pesquisadores de Harvard, William C. Clark e Alicia G. Harley.

A resposta mais prudente talvez seja do tipo "nem tanto ao mar nem tanto à terra". Afinal, razoáveis pesquisas sobre a complexidade só começaram a surgir em meados da década de 1980, pouco tempo para o que promete vir a ser uma das mais profundas viradas na história da ciência. Ou este século não será o da complexidade, segundo a profecia de Stephen Hawking (2000)?

Em vez de procurar "a" definição científica de complexidade — aparentemente tão improvável quanto as definições de vida, consciência ou amor —, pode ser bem mais produtivo dar atenção, por exemplo, às já mencionadas reflexões do físico teórico Geoffrey West sobre "as leis universais do crescimento, da inovação, da sustentabilidade e do ritmo de vida em organismos, cidades, economias e empresas", o longo subtítulo de seu livro *Scale* (2017), já citado.

Finalmente, mas não menos importante, é, mais uma vez, chamar a atenção para a dificuldade encontrada por todos os pesquisadores citados ao relacionarem a complexidade à teoria darwiniana da evolução. Algo tão estratégico para quem faz parte, ou quem quiser entrar, nesta Torre de Babel. Por isso, assunto ao qual será dada, mais adiante, a devida importância.

CRISE?

Muitos pesquisadores da Ciência da Sustentabilidade afirmam que ela está em séria crise, entendida como "ontológica". O melhor exemplo está no terceiro tópico de um longo "comentário" do tarimbado pesquisador Mario Giampietro, da Universidade Autônoma de Barcelona, a respeito dos artigos publicados on-line em edição especial do periódico *Sustainability Science*, ao longo do ano de 2022 (Giampietro, 2023).

Após várias considerações sobre a natureza polissêmica do termo "ontologia", Giampietro diz que, seja qual for a definição escolhida, é óbvio que, antes de realizar qualquer análise científica, deve-se ter um acordo compartilhado sobre que tipo de entidades, atributos ou modos a serem usados para obter uma percepção e representação úteis do mundo externo. E enfatiza que tal "escolha de ontologias" ocorre em etapa pré-analítica, antes mesmo do início de qualquer investigação científica. Obviamente, uma má escolha afetará a qualidade de toda a investigação. E estaria exatamente aí o problema.

Sendo essencialmente um empreendimento transdisciplinar, a Ciência da Sustentabilidade deve lidar com a coexistência de múltiplos níveis e dimensões de análise, todos os quais podem, em princípio, ser usados para perceber e representar eventos relevantes no mundo externo. Deve usar, então, simultaneamente, diferentes ontologias (Giampietro *et al.*, 2006).

Para tornar tudo isso ainda mais desafiador — diz ele — é extremamente difícil verificar a validade de uma ontolo-

Zoom: A Ciência da Sustentabilidade

gia quando o objeto da investigação é um sistema adaptativo complexo, como é o caso da Ciência da Sustentabilidade. Isto é, sistemas em constante evolução, que requerem contínua atualização das ontologias usadas.

Também insiste que é preciso considerar a dualidade básica das concepções de ontologia, pois, hoje em dia, mais importante que sua acepção aplicada à prática científica pode ser seu entendimento relativo à "identidade social". O que também torna inevitável uma pergunta sobre a conexão entre ambas: a escolha de uma ontologia para a investigação poderia ser independente da ontologia associada à identidade social?

Neste ponto, cabe repetir advertência, feita desde a página 18, sobre a opção deste livro de evitar os intrincados debates sobre as muitas coisas que vêm sendo rotuladas de "ontológicas". Aos que estiverem interessados em tamanha algaravia, recomenda-se que comecem por tentar decifrar o capítulo "Anarquismo ontológico e verdade no Antropoceno", que fecha o livro *Caipora e outros conflitos ontológicos*, do antropólogo Mauro Almeida (2021).

O seguinte trecho pode ser bom aperitivo: "A atitude do anarquismo ontológico concorda com a tese segundo a qual verdades pragmáticas são compatíveis com múltiplas verdades metafísicas, mas retira disso outra conclusão: a saber, que múltiplos mundos são ontologicamente possíveis e admissíveis na medida em que dão conta das mesmas experiências" (p. 314).

Muitíssimo mais importante para o propósito deste livro é ressaltar algo, ao contrário, bem pé no chão: os relatados argumentos de Giampietro e colegas estão longe de poder caracterizar o que poderia ser realmente entendido por "crise". Afinal, o que tem sido chamado de Ciência da Sustentabilidade sempre foi um empreendimento transdisciplinar voltado a sistemas adaptativos complexos. E, se durar, sempre o será.

Então, esta seria uma ciência condenada à crise vitalícia, como qualquer outra que também seja transdisciplinar.

EM SUMA

A revisão apresentada até aqui faz pensar que a Ciência da Sustentabilidade e a Ciência do Sistema Terra sejam iniciativas em coevolução. Talvez até possam resultar, no futuro, em uma nova ciência unificada, fruto de uma espécie de simbiose ou hibridação.

No entanto, por sequer ser uma hipótese testável, tal sugestão deve ser entendida apenas como conjectura útil ao acompanhamento dos resultados de próximas pesquisas, pois certamente mostrarão o compasso de aproximação ou distanciamento entre tão abrangentes propostas heurísticas.

Por enquanto, estas duas candidatas a ciências transdisciplinares parecem participar de uma espécie de disputa por legitimação, na qual a Ciência do Sistema Terra está bem mais adiantada, mas em clara desvantagem potencial quando se considera a maior abrangência, pertinência, relevância e oportunidade de uma Ciência da Sustentabilidade.

Seja qual for o desenlace, uma coisa já parece certa: tudo dependerá do desenvolvimento das pesquisas sobre complexidade. Nada disso poderá avançar enquanto não for possível desfazer a ilusão meramente "sistemológica".

2.2. OUTRAS REAÇÕES NAS HUMANIDADES

O objetivo deste subcapítulo é fazer uma descrição analítica dos impactos da proposta do Antropoceno bem além da Ciência da Sustentabilidade, com maior destaque para o subconjunto das ciências sociais. Começando, porém, pela relevância de uma ampla articulação que parecia ter pretensões similares às da Ciência da Sustentabilidade, mas que não se mostrou congruente sobre a proposta de Antropoceno: a Ecologia Política.

A maioria dos estudiosos da Ecologia Política provém da Antropologia, da Geografia, da Ciência Política, e de outras ciências sociais. Mas há também aqueles ligados à Ecologia Cultural e às ciências naturais e exatas. O campo foi originalmente definido por estudos que combinam métodos ecológicos com considerações sociais, especialmente tratando do modo como visões e interesses divergentes sobre a obtenção de alimentos e matérias-primas geram conflitos e crises socioambientais.

Bagunça

Foram bem diversas as reações internas à Ecologia Política, sem que se possa estabelecer, por enquanto, qual seria a mais relevante. Tome-se, como amostra, quatro notáveis fontes do período 2015-2022.

No manual (*handbook*) temático da editora Routledge, organizado por três geógrafos (Tom Perreault, Gavin Bridge e James McCarthy, 2015), apenas um, dos mais de cinquenta autores (o também geógrafo Bruce Braun), chegou a dar alguma importância à noção de Antropoceno, sem, no entanto, ir além de platitudes.

Praticamente o mesmo pode ser dito do verbete redigido, cinco anos depois, pelo antropólogo Jason Roberts para a *Cambridge Encyclopedia of Anthropology*. Trata o Antropoceno como chavão (*"buzzword"*) acadêmico.

Ainda pior foi o tratamento da ideia de Antropoceno nas 459 páginas do recente livro do economista e sociólogo mexicano Enrique Leff, intitulado *Political Ecology* (2021). Comete o crasso erro de qualificar de "nova era" a proposta de nova Época geológica. Pior, para ele, ela já teria uns 200 mil anos, no mínimo.

A única alusão ao assunto está em uma nota no rodapé da página 21 do livro: "O Antropoceno é o nome proposto para uma nova era que data do início do significativo impacto humano na geologia e nos ecossistemas da Terra. Pode-se dizer que a era Antropoceno se iniciou quando a ordem simbólica que constituía os seres humanos afetou, mesmo que em pequena escala, o metabolismo dos ecossistemas locais e territórios de vida e iniciou a coevolução da Natureza e cultura no planeta" (*"The Anthropocene is the proposed name of a new era dating from the commencement of significant human impact on the Earth's geology and ecosystems. It can be argued that the Anthropocene era was initiated when the symbolic order that constituted human beings affected, even at a small scale, the metabolism of local ecosystems and life territories and started the co-evolution of Nature and culture on the planet"*).

A exceção está numa quarta e mais recente fonte. Partindo em direção diametralmente oposta, afirma que o próprio futuro da Ecologia Política dependeria, justamente, da construção de "uma política do Antropoceno".

O cientista político francês Bruno Villalba (2022) entende o Antropoceno exatamente na linha conceitual proposta pela Ciência do Sistema Terra e aceita pela Ciência da Sustentabilidade. Só que, para ele, a Ecologia Política seria bem mais que uma terceira área do conhecimento, ou articulação científica.

Para Villalba, a Ecologia Política é o quinto grande discurso sobre a modernidade, depois do liberalismo, do anarquismo, do comunismo e do socialismo. Proporia uma nova relação entre o projeto emancipador do individualismo e a capacidade de resposta da Terra.

Ao mesmo tempo, não deixa de ser estranho que nenhuma dessas quatro fontes atribua qualquer importância ao surgimento de outras opções, em especial da concorrente expressão "Capitaloceno". Afinal, ela surgiu como clara rejeição à proposta de se convencionar o Antropoceno, que havia sido feita por pesquisadores do "Sistema Terra". Desde que ganhou visibilidade internacional — a partir de 2014 —, tal trocadilho tem sido usado para enfatizar que os crescentes estragos ecossistêmicos não devem ser atribuídos à espécie humana, mas, sim, ao capitalismo.

Desnecessário dizer que tal protesto partiu de pesquisadores das Humanidades, escandalizados ao notar que uma boa parte de seus pares estaria engolindo o que lhes soava como abusiva imposição da cronologia das geociências. Aparentemente, um caso típico de desencontro entre as "duas culturas", questão bem destacada no Prólogo deste livro.

Salto em 2013-2015

Como já foi ressaltado, as Humanidades, em geral, demoraram para dar atenção à proposta de Antropoceno como nova Época geológica. Porém, com a louvável exceção de pesquisadores da história das ciências dedicados a temas ambientais. O influente John Robert McNeill foi um dos intelectuais que logo se envolveram em discussões com os pesquisadores da Ciência do Sistema Terra, principalmente as que os levaram a concluir que o início da nova Época não teria sido determinado pela emergência das energias fósseis.

Outros fizeram o mesmo, embora não tenham obtido tanta visibilidade, ou reconhecimento. Com destaque para duas historiadoras — Libby Robin e Julia Adeney Thomas — e para expoentes do movimento por uma *"Big History"*, que mais tarde criariam a IBHA. Especialmente a dupla formada pelo holandês Fred Spier e pelo — hoje célebre — David Christian.

Porém, o ensaio que, com certeza, mais contribuiu para que outras áreas das Humanidades saíssem da letargia e começassem a dar atenção à proposta de nova Época veio de um outro historiador. Embora o termo "Antropoceno" nem estivesse no título, foi decisiva a formulação de quatro teses sobre a história do clima, por Dipesh Chakrabarty, em 2009. A terceira tese teve forte impacto junto aos cientistas sociais: "A hipótese geológica a respeito do Antropoceno exige que coloquemos as histórias globais do capital em diálogo com a história da espécie humana".

Só que a repercussão ainda demoraria anos para produzir efeitos. Como já foi dito, chega a ser inacreditável, por exemplo, que o célebre sociólogo Ulrich Beck (1944-2015) nem tenha mencionado o Antropoceno em sua obra *World at Risk*, de 2009. Ao contrário do midiático economista Jeffrey Sachs, por exemplo, que, um ano antes, havia dedicado à questão um dos capítulos do livro *Common Wealth: Economics for a Crowded Planet* (*A riqueza de todos*).

Foi somente no meio da década seguinte que mais pesquisadores das Humanidades começaram a responder à exigência de diálogo — destacada por Chakrabarty (2009) — entre a história "da espécie humana" e as histórias "globais do capital". Em 2013 despontaram três marcantes contribuições "parisienses".

Em fevereiro daquele ano, o antropólogo, sociólogo e

filósofo das ciências Bruno Latour (1947-2022) havia consagrado ao Antropoceno uma de suas oito conferências Gifford, em Edimburgo.

Note-se que elas foram "reescritas" em francês e publicadas, dois anos depois, em livro cujo título, *Face à Gaïa*, destacou a hipótese Gaia, tendo por subtítulo "huit conférences sur le nouveau régime climatique". Ambos mantidos na tradução inglesa, de 2017, mas não na brasileira (2020), que trouxe o subtítulo "oito conferências sobre a natureza no Antropoceno".

Nas conferências e subsequentes publicações, Latour apresentou a nova Época como excelente ponto de referência, pois o nome deste período geo-histórico poderia se tornar o mais relevante conceito para afastar, para sempre, as noções de "moderno" e "modernidade" (Latour, 2020: 115).

Em outubro, dois jovens historiadores das ciências e do ambiente, Christophe Bonneuil e Jean-Baptiste Fressoz, publicaram detalhado esforço de desconstrução de tão relevante "conceito" que, para eles, havia cancelado o "pacífico e reconfortante" projeto do desenvolvimento sustentável.

Finalmente, entre os dias 13 e 15 de novembro, dois eventos intitulados "Pensando o Antropoceno" juntaram — nas sedes da Sciences Po e da Unesco — a nata mundial dos pesquisadores propensos a reagir à "exigência" mencionada na terceira tese de Chakrabarty.

Marco

Foram estes três eventos que geraram a melhor referência sobre o despertar das Humanidades para a proposta da nova Época: a coletânea organizada por Clive Hamilton, Christophe Bonneuil e François Gemenne (2015). Vale lembrar, quinze anos depois da formulação original de Crutzen, no encontro do IGBP (International Geosphere-Biosphere Programme) de Cuernavaca.

A introdução não deixa de ressaltar que, assim mesmo, ainda era muito recente o diálogo dos pesquisadores das Humanidades com os cientistas naturais que haviam lançado a proposta do Antropoceno. Mas que tal interesse estaria crescendo bastante, principalmente pelo caráter inovador de uma reflexão conjunta sobre quatro processos: o da Terra, o da vida, o do "empreendimento humano" e do "tempo".

Deve ser ressaltado, aqui, que tal forma de classificar quatro processos é bem diferente da utilizada neste livro, decorrente do que foi publicado em 2019, *O Antropoceno e a Ciência do Sistema Terra*. Isto é, "quatro dinâmicas coevolutivas", das quais as duas últimas seriam a "natureza humana" e o "processo civilizador" (Veiga, 2019a: 118).

Mesmo recente, tal diálogo entre os grandes hemisférios das ciências teria resultado, até ali, em dois fortes argumentos (ou "afirmações poderosas"), além de quatro "narrativas" e três definições de Antropoceno.

As variantes definidoras seriam: a geológica, a da Ciência do Sistema Terra e uma mais nova, bem mais abrangente, voltada ao "impacto cumulativo da civilização". Além da narrativa dominante, "naturalista", teriam surgido três outras: a "pós-natureza", a "ecocatastrofista" e a "ecomarxista".

Ainda mais relevante do que os três citados eventos de 2013 parece ter sido o colóquio, também parisiense, no Collège de France, em novembro de 2015, às vésperas do histórico "Acordo de Paris" sobre o clima.

A decorrente coletânea, publicada três anos depois (*Penser l'Anthropocène*, organizada por Rémi Beau e Catherine Larrère), oferece excelente panorama das várias reações que a proposta do Antropoceno provocou entre os pesquisadores das Humanidades. Nada parece ter ficado fora das contribuições de seus exímios 37 autores.

Nova condição humana

A simples ideia de nova Época, chamada de Antropoceno, postula que os humanos se tornaram uma força telúrica, mudando o funcionamento da Terra tanto quanto o vulcanismo, a tectônica, as flutuações cíclicas da atividade solar ou as mudanças nos movimentos orbitais da Terra em torno do Sol.

Qualquer que seja a data escolhida para o início de tal sequestro humano da trajetória da Terra, reconhecer o Antropoceno significa que a história natural e a história humana, tidas, desde o início do século XIX, como independentes e incomensuráveis, passam agora a ser pensadas como uma única e mesma geo-história, com o acréscimo desta nova força telúrica dominante. O que parece sugerir o fim daquela natureza vista como mero pano de fundo externo para o drama da história humana. Assim como o fim de grilhões somente sociais para a compreensão da sociedade moderna.

Até há pouco, as ciências sociais retratavam a sociedade como se estivesse acima dos ciclos materiais e de energia, e livre da finitude e do metabolismo da Terra. Agora precisam voltar à Terra. Sua compreensão da economia e dos mercados, da cultura e da sociedade, da história e dos regimes políticos precisa ser rematerializada.

No Antropoceno, as ordens sociais, culturais e políticas se entrelaçam e coevoluem com as ordens tecnonaturais da própria matéria e do metabolismo do fluxo de energia em nível global. O que exige novos conceitos e métodos nas ciências humanas.

Os habitantes humanos deste planeta enfrentarão, em lapso de apenas algumas décadas, mudanças ambientais globais em escala e velocidade sem precedentes. Além disso, o surgimento do Antropoceno leva naturalmente à questão do que estaria além dele. As dúvidas não são apenas sobre seu ponto de partida, muito debatido. É necessário realçar que a ideia de seu término também levanta, ao menos, uma questão crucial: que tipo de Época, ou Era geológica, poderá suceder ao Antropoceno?

Haverá um estado Antropoceno permanente do planeta, com humanos dirigindo e projetando tudo? Ou uma época em que as atividades humanas e a Terra alcançariam um novo equilíbrio, de modo que os humanos não mais fossem os principais agentes de mudança? Ou mesmo uma época em que os humanos simplesmente não estariam mais presentes?

Alcançar vida digna para todos os humanos, em uma Terra finita e desorganizada, tornou-se a questão principal de nosso tempo. Isto constituirá uma nova condição humana. Nada poderia exigir mais insistentemente novas pesquisas em ciências sociais, pois o ser humano, que se encontra nesta era incerta e radicalmente nova, é um conjunto de sistemas sociais, instituições e representações.

O advento do Antropoceno desafia fronteiras estabelecidas entre natureza e cultura, entre clima e política, entre ciências naturais e ciências sociais e humanas.

Trata-se de algo bem mais profundo do que o apelo à interdisciplinaridade, em torno de objetos híbridos "socioecológicos". Fica cada vez mais difícil entender a concepção do mundo natural sobre a qual a sociologia, a ciência política, a história, o direito, a economia e a filosofia se acostumaram por dois séculos: a de uma reserva inerte de recursos, um indiferente cenário ao drama das coisas humanas.

Parecem estar desmoronando as concepções exclusivamente sociais de autonomia, agência, liberdade e reflexividade, que têm sido os pilares da modernidade desde o século XIX. Pedem para ser repensadas: a ideia do humano, do contrato social, e do que são a natureza, a história, a sociedade

Zoom: Outras reações nas Humanidades

e a política. Em suma, todas as ideias essenciais sobre as quais tais disciplinas foram construídas.

Revelada pelo Antropoceno, tão grave colisão das temporalidades humanas e terrestres é um teste para os limites estabelecidos do conhecimento. Neste sentido, pode ser muito interessante refletir sobre as dez perguntas que substituíram a conclusão de um livro que se propôs a examinar o desafio do Antropoceno às Ciências Sociais, sob o título *Planetary Social Thought* (*Pensamento Social Planetário*). Enfaticamente elogiado, na contracapa, pela antropóloga Marisol de la Cadena, da Universidade da Califórnia (Davis), por "não ter medo de animismos" (Clark e Szerszynski, 2021).

Natureza e cultura

Invocando tal convergência de temporalidades e processos naturais e humanos, alguns cientistas sociais e filósofos saudaram o Antropoceno como o fim da dicotomia Natureza/Cultura.

Quer dizer que a natureza está morta e que tudo sob o Sol seria um conjunto híbrido Terra-sociedade, um ciborgue tecnonatural? Será esta perspectiva que prevalece atualmente — nas ciências sociais dominadas pelo pensamento pós-moderno, construtivista e em rede — uma ruptura com a modernidade?

Ou será, antes, sintoma de um novo espírito do capitalismo, em que ontologias mudaram de entidades para relações? Será que este novo espírito da modernidade obscurece e ignora os limites naturais e as fronteiras do nosso planeta? Nem tanto por externalização da natureza, como costumava ser (a velha fronteira Natureza/Cultura), mas por internalização, digestão ou diluição de natureza em tecnologia e no mercado (nova rede híbrida NatCult)?

Claro, é possível defender o peso e a alteridade da natureza, contra a tentativa de abandoná-los em uma nova fusão. Não pode haver relação pacífica sem reconhecimento da alteridade da natureza.

Na mesma linha, a linguagem do Antropoceno, que mescla ciência e política sem esforço, não poderia abrir caminho para a geoengenharia? O fim de uma divisão ontológica Natureza/Cultura também não seria terreno fértil e problemático para os historiadores?

Um novo trabalho interdisciplinar com cientistas naturais, com uma história profunda de fertilização cruzada com a história global e com a história ambiental, exige uma integração dos metabolismos socioecológicos na compreensão da mudança e continuidade na ordem social, no governo e na cultura.

Mas os historiadores também podem questionar, com estudos empíricos, algumas das suposições históricas de cientistas naturais e sociais apresentadas nos enunciados sobre o Antropoceno. Uma delas é a ideia de que os modernos, tendo externalizado a Natureza, foram cegos aos impactos ambientais e geológicos do modo de desenvolvimento industrial.

Na mesma toada, o caminho industrial seguido pelos países centrais não poderia ter vingado sem desigual e sistemático intercâmbio ecológico com regiões dominadas e periféricas do "sistema mundial". Não foi outra a constatação que gerou o debate Capitaloceno/Antropoceno entre os cientistas sociais mais alertas para as questões ecológicas em âmbito global.

É importante destacar que foi simultânea à emergência da ideia de Antropoceno a importante reflexão do eminente antropólogo francês Philippe Descola sobre a necessidade de se ultrapassar a separação entre "natureza" e "cultura", ou "sociedade".

Tese forte e persuasiva em seu livro de 2005, cujo títu-

Zoom: Outras reações nas Humanidades

lo, *Par-delà nature et culture*, sugere que tal ultrapassagem exige ir além de ambas. Bem menos na obra de 2011, *L'Écologie des autres*, que substituiu "natureza" por "ecologia", propondo que se respeite "a ecologia dos outros", os povos exóticos.

Porém, tais culturas não elaboram ecologias, mas sim cosmogonias. Como diz Guille-Escuret (2021: 79): "Pode-se certamente admirar sua maneira de rejeitar uma divisão natureza/cultura. No entanto, por que a 'nossa' ecologia deveria aprender com a sabedoria deles, já que ela mesma negou esta disjunção dentro da ciência, longe dos pensamentos xamânicos? Atribuir uma ecologia aos 'outros' equivale, de fato, a apagar uma descontinuidade muito diferente: a da ciência vis-à-vis as crenças das quais ela aspira a dissociar-se".

Talvez esteja aí a origem das quase esotéricas peripécias especulativas das antropólogas californianas Donna Haraway (2016), Anna Tsing (2015) e Marisol de la Cadena (2018). Algo que costuma aparecer demasiadamente amalgamado às ideias de Bruno Latour, apesar destas estarem muito mais voltadas ao fim da separação entre "ciência" e "política" (De Vries, 2016, 2018).

Todavia, em vez de entrar aqui em tão intrincada discussão "filosófica", certamente será mais produtivo examinar a pré-história da ideia de Capitaloceno.

A EMERGÊNCIA DO CAPITALOCENO

Uma maneira interessante de atentar para tal fenômeno é acompanhar a trajetória de um pesquisador que teve importantíssimo papel em tal evolução, embora tenha obtido bem menos reconhecimento, prestígio, visibilidade e influência do que outros participantes: o antropólogo sueco Alf Hornborg.

Na primeira década deste século, quando a proposta de Antropoceno mal começara a merecer a atenção da comunidade científica, foi ele um dos mais empenhados construtores de pontes entre as Humanidades e a ecologia global.

Desde 2003 havia levado seu departamento — de ecologia humana na Universidade de Lund — a promover a conferência *World-System History and Global Environmental Change*, realizada entre os dias 19 e 22 de setembro.

As duas coletâneas resultantes podem ser consideradas marcos históricos: *The World-System and the Earth-System: Global Socioenvironmental Change and Sustainability since the Neolithic* (Hornborg e Crumley, 2006) e *Rethinking Environmental History: World-System History and Global Environmental Change* (Hornborg, McNeill e Martinez-Alier, 2007).

Nota-se, nos dois títulos, a importância atribuída por Hornborg à expressão "sistema-mundo", ideia central de uma teoria interdisciplinar das ciências sociais, que muito se desenvolvera sob o protagonismo intelectual do sociólogo nova-iorquino Immanuel Wallerstein (1930-2019). Porém, muito mais do que refletirem tal passado, as duas obras coletivas traziam fortes presságios de desenvolvimentos teóricos sobre a relação mundo/Terra, que, mais tarde, fizeram emergir a expressão Capitaloceno.

Das muitas publicações posteriores de Hornborg, a que — de longe — teve maior influência foi um curto artigo, "The Geology of Mankind? A Critique of the Anthropocene Narrative", publicado em janeiro de 2014, em parceria com seu então jovem discípulo Andreas Malm. Na primeira edição do periódico *The Anthropocene Review*, a dupla propôs mordaz crítica à "narrativa" antropocênica, com sarcástica pergunta sobre a "geologia da humanidade".

Embora tenha sido tal artigo a pedra angular dos debates sobre a noção de Capitaloceno, vários depoimentos ates-

Zoom: Outras reações nas Humanidades

tam que, cinco anos antes, a expressão já havia sido lançada em seminário acadêmico, em Lund, pelo então estudante Andreas Malm. Na primavera de 2009, em diálogo com o então jovem professor visitante (*lecturer*) estadunidense Jason W. Moore (Hornborg, 2015, 2016, 2019; Moore, 2016).

O fato não teria a menor relevância se, de lá para cá, a controvérsia sobre o Capitaloceno não tivesse sido dominada por duas visões extremas, justamente a de Moore *versus* a de Malm-Hornborg. O que poderia ser classificado, em princípio, como uma divergência interna do chamado ecomarxismo. Mas que, na realidade, tende a esconder um choque, bem mais caudaloso, entre novas manifestações de duas antigas tradições filosóficas.

Em princípio, a divergência entre Moore e a dupla sueca seria interna à tradição materialista, pois decorrente de duas visões sobre o desenvolvimento capitalista, que não poderiam ser tachadas de idealistas. Porém, para Alf Hornborg, posteriores reflexões de Jason W. Moore o teriam levado ao idealismo. Observação que exige um exame do que ambos andaram publicando entre 2014 e 2019.

RODAPÉ

O ponto de partida só pode ser o influente artigo da dupla sueca. Mas, por incrível que pareça, só menciona o termo "Capitaloceno" em nota de rodapé, ao lado de outras duas denominações que também pareceram aceitáveis aos autores: Tecnoceno e Econoceno.

A rigor, o argumento central da dupla está bem sintetizado no resumo proposto: "A narrativa do Antropoceno retrata a humanidade como uma *espécie* ascendendo ao poder sobre o resto do Sistema Terra. [...] Mas a *economia fóssil* não foi criada, nem é mantida, pela humanidade em geral. A presente intervenção questiona o uso da categoria 'espécie' na narrativa do Antropoceno e argumenta que é analiticamente errada [...]. *Desigualdades intraespécies* são parte medular da crise ecológica atual e não podem ser ignoradas na tentativa de entendê-la" (Malm e Hornborg, 2014: 62, grifos meus).

Porém, a ideia fica mais clara em trabalhos que Malm publicou a partir de sua tese de doutorado, como em artigo de 2013 na revista *Historical Materialism* e, principalmente, em livro de 2015, que traz, desde o título, a ideia de capitalismo fóssil.

Mesmo que não possa haver consenso, diz Malm, a designação mais cientificamente precisa seria "Capitaloceno". Pois esta é a geologia não da humanidade, mas da acumulação de capital. O tempo geológico se articula em novo todo, determinado em última instância pela idade do capital.

Ora, se o critério for a "acumulação", ou a "idade" do capital, impõe-se a seguinte pergunta: por que atribuir o início do Capitaloceno à emergência do capital fóssil, com as inovações de James Watt, em 1765, ou mesmo de Thomas Newcomen, em 1698? Dúvida que, obviamente, não escapou ao então coordenador da rede de pesquisa "World-Ecology", o oponente Jason W. Moore, historiador e economista político do departamento de sociologia da Binghamton University.

No sétimo capítulo de seu livro de 2015, intitulado "Antropoceno ou Capitaloceno? Sobre a natureza e as origens de nossa crise ecológica", não moderou suas palavras em crítica a Malm: "Mesmo para aqueles de esquerda que favorecem uma abordagem relacional de classe, um certo *fetichismo dos combustíveis fósseis* aparece; como quando Malm propõe o carvão como a faísca que acende a máquina do capital. 'Capital', nesta visão, forma-se independentemente da teia da vida e intervém na 'natureza' como uma força exógena (ou

Zoom: Outras reações nas Humanidades

vice-versa), interferindo de várias maneiras, e interrompendo, um equilíbrio tradicional preestabelecido entre humanidade e natureza" (Moore, 2015: 179, grifos meus).

Para Moore, pareceu muito mais correta a ideia de que o Capitaloceno teria começado por volta de 1450, uns três séculos antes da emergência de sua etapa baseada nas energias fósseis. Dando clara preferência, portanto, à linha de pensamento do célebre historiador francês Fernand Braudel (1902-1985) e dos seguidores do já citado Wallerstein, entre os quais se destacou Giovanni Arrighi (1937-2009).

O DEBATE SOBRE O CAPITALOCENO

Em 2016 tal debate esquentou bastante, com duas publicações remarcáveis. Por um lado, o livro *Facing the Anthropocene*, do ativista ecomarxista canadense Ian Angus, que contou com exímio prefácio do expoente desta corrente, John Bellamy Foster, professor de sociologia da Universidade do Oregon e editor da *Monthly Review*. Por outro, a coletânea *Anthropocene or Capitalocene?*, organizada pelo próprio Jason W. Moore.

É bem ambígua, para dizer o mínimo, a obra de Ian Angus. Em curto capítulo da primeira metade, o autor sugere que faz sentido vincular o Antropoceno à "Grande Aceleração" (do pós-Segunda Guerra Mundial), embora não deixe claro se concorda que o início da nova Época teria sido, mesmo, em meados do século passado. Depois, consagra toda a segunda metade ao enaltecimento da tese do "capitalismo fóssil", de Malm. Quase ignora a tese oposta, de Moore, cujo livro só mereceu curtíssima menção no apêndice...

Muito melhor é o "foreword" de Foster, que certamente deve ter percebido quão confusa havia sido a mensagem do autor. Consegue dar uma solução bem razoável para a oposição entre o crescente consenso científico sobre a imaturidade da nova Época e a alternativa de um Antropoceno mais antigo, correspondente ao desenvolvimento da economia fóssil.

Diz que, embora o conceito de Antropoceno só tenha surgido com a moderna concepção científica do Sistema Terra, tendo sua base física na "Grande Aceleração", ele teria sido predefinido (*"prefigured"*) por noções anteriores, surgidas de pensadores preocupados com mudanças dramáticas na interface humano-ambiental, provocadas pela ascensão do capitalismo, incluindo a Revolução Industrial, a colonização do mundo e a era dos combustíveis fósseis.

Para Foster, isto seria característico de muitos outros fenômenos históricos emergentes, refletindo a bem conhecida "dialética da continuidade e da descontinuidade", enfatizada pelo filósofo marxista István Mészáros (Foster, em Angus 2016: 10; Mészáros, 2005). Além desta observação fundamental para os propósitos deste livro, mais recentemente Foster passou a propor uma subdivisão do Antropoceno em idades (*"ages"*), batizando a primeira de *"Capitalian"* (Foster e Clark, 2021; Foster, 2022).

A mencionada coletânea de Jason W. Moore também foi publicada em 2016, com o subtítulo *Nature, History and the Crisis of Capitalism*, que está longe de corresponder ao conteúdo.

Desde a abertura dos agradecimentos, ele lembra o diálogo da primavera sueca de 2009, quando o doutorando Malm lhe disse para esquecer o Antropoceno, pois deveria ser chamado de Capitaloceno. Imediatamente confessa que, ao aquiescer, não dera muita atenção ao assunto. Afinal, parecia-lhe trivial a ideia de que o capitalismo é o "pivô da atual crise biosférica".

Ao mesmo tempo, Moore também estava começando a repensar a sabedoria convencional dos estudos ambientais:

estudar "o" meio ambiente e, portanto, estudar o contexto, as condições e as consequências ambientais das relações sociais. Notava que, geralmente, as próprias relações sociais estavam fora das preocupações centrais do campo.

Contrariado, perguntava-se: afinal, todas essas "relações sociais" já não estariam embutidas na teia da vida? Não foram o comércio mundial, o imperialismo, a estrutura de classes, as relações de gênero, ordens raciais — e muito mais — não apenas produtores de mudanças ambientais, mas também produtos da teia da vida?

Mudança

Em algum alto nível de abstração, tal argumento foi amplamente aceito. Mas, em nível prático e analítico, tais ideias eram excessivamente marginais. Algo que teria mudado entre 2009 e 2016, quando a ideia de Capitaloceno, como um conjunto multiespécies, uma ecologia mundial de capital, poder e natureza, entrou na conversa global entre acadêmicos e um número crescente de ativistas.

Os diálogos daquela primavera sueca acabariam por dar origem ao que passou a ser chamado de perspectiva da "World-Ecology", em que evoluem as desiguais relações de capital, poder e natureza, que padronizam o conjunto do mundo moderno. Como mencionado, tal linha de pesquisas teria surgido, então, no seio de um grupo especial de alunos de pós-graduação da Universidade de Lund, interessados em expandir os limites em que se pensa o espaço, a geografia e a natureza no capitalismo.

Não deixa de ser estranho, então, que nenhum sueco esteja entre os autores desta coletânea de Moore. Em vez disso, o único participante, com obra relevante sobre o capitalismo, foi o saudoso Elmar Altvater (1939-2018). Mais: os principais capítulos, além de ecléticos, não poderiam ter sido mais distantes de um debate efetivo sobre o Capitaloceno. Ao fim das contas, a coletânea passou ao largo da divergência entre os materialistas suecos e Moore.

Na avaliação de Alf Hornborg, predominaram, na coletânea, os raciocínios nebulosos e ininteligíveis da ciberfeminista Donna Haraway. É a ela que o próprio Moore recorre ao questionar o significado da energia fóssil. Para redefinir o capitalismo como um sistema nem puramente econômico nem puramente social, se serve da afirmação de Haraway de que o capitalismo deveria ser visto como um complexo historicamente determinado de metabolismos e montagens (Hornborg, 2019: 201).

Ao desafiar o que seria a "narrativa do capital fóssil", com a tese braudeliana dos seis séculos de capitalismo, Jason Moore também teria sido levado a apagar a indispensável distinção analítica entre o social e o natural. Formas pré-industriais de acumulação de capital teriam ocorrido por milênios, mas a decisiva descontinuidade histórica teria sido o aproveitamento, a partir do século XVIII, dos combustíveis fósseis como energia mecânica.

Segundo Hornborg, a profunda conversão de Moore — mais explícita na coletânea que editou em 2016 do que em seu livro do ano anterior — o teria levado muito além de divergir sobre a história do capitalismo. Ele teria até passado a dissolver a fronteira analítica entre o social e o natural, ao aderir aos modismos propagados pela onda "tentacular" de Haraway, na qual se destacam Bruno Latour, Isabelle Stengers e Anna Tsing.

Não é preciso reproduzir a avalanche de críticas de Alf Hornborg ao que chama de "modismos" para notar que, entre 2014 e 2019, houve um nítido deslocamento da discordância entre os principais proponentes do Capitaloceno.

O que começara como divergência sobre a definição do

momento histórico de seu surgimento passou a ser um embate de ordem filosófica. O que começara como um problema de interpretação histórica sobre a responsabilidade da acumulação capitalista pela degradação global do meio ambiente passou a ser um choque entre uma das possíveis interpretações materialistas do problema e a emergência de uma nova variedade de idealismo.

O QUE É CAPITALISMO?

Existem inúmeras maneiras de definir o capitalismo e outras tantas de periodizá-lo. Para vislumbrar a possibilidade de alguma padronização, o melhor é ter como referência as saídas encontradas — não por este ou aquele pesquisador —, mas por algum conjunto respeitável de historiadores, com base nas mais importantes contribuições anteriores.

Por tal critério, as mais antigas origens do capitalismo remontariam à civilização babilônica, há uns quatro milênios. Contudo, sua etapa mais sistêmica, ou moderna, só teria começado a se disseminar a partir de 1848, gerando o que passou a ser chamado de "variedades de capitalismo". Nenhuma delas se mostra sustentável e há imensa resistência a uma efetiva globalização.

Este é o resumo do estado da arte, convencionado em 2014, após dez anos de trabalho de incomparável equipe de pesquisadores, nas mil páginas da mais venerável história do capitalismo, a de Cambridge (Neal e Williamson, 2014).

Porém, a depender do entendimento que se tenha de algumas palavras-chave — como "propriedade", "troca/intercâmbio" e "capital" —, o mais provável é que tal consenso de Cambridge seja repudiado. Com certeza é o que aconteceria se fosse possível sondar pensadores como Karl Marx, Max Weber, Joseph A. Schumpeter, John Maynard Keynes e

Friedrich Hayek. Ou se tal consenso fosse examinado por exímios analistas contemporâneos, como, por exemplo, Deirdre McCloskey, Douglas North, Geoffrey M. Hodgson, Thomas Piketty, Joseph Stiglitz, François Chesnais, David Harvey ou Niall Ferguson.

As obras destas duas heteróclitas listas de autores são suficientes para que se possa afirmar, com muita certeza, que não existe chance de formação de consenso sobre o capitalismo, em termos conceituais. O que também impede qualquer entendimento comum sobre a datação de seu início.

Então, mesmo que pareça muito forte a identificação de uma clivagem a partir da industrialização (baseada, desde o início, em combustíveis fósseis), não há como excluir qualquer das outras ideias sobre o capitalismo pré-industrial.

Só que o consenso científico sobre o Antropoceno vem apontando para um estágio bem mais avançado do capitalismo, pois não foi desde o início da economia fóssil que seus estragos ecológicos teriam adquirido escala suficiente para torná-lo o principal vetor biogeofísico. O que passou a ser indiscutível a partir de meados do século XX, com a "Grande Aceleração".

Neste sentido, para os proponentes do Capitaloceno, a melhor solução é assumir a evocada dialética da continuidade/descontinuidade e adotar a periodização em três etapas, conforme a também citada formulação de David Christian.

Ou seja, início da primeira em meados do século XIX (1848), quando as tecnologias baseadas nos combustíveis fósseis passaram a transformar o mundo. Não demorou para que as primeiras potências, movidas a combustíveis fósseis, se voltassem umas contra as outras, o que acabou por tornar extremamente violenta a segunda etapa, entre 1914 e 1945. Bem diferente da terceira, quando houve o mais notável surto de crescimento econômico da história da humanidade. Passaram a ser mobilizados energia e recursos naturais em escala tão sem precedentes, que todos os ciclos biogeofísicos foram subvertidos.

Porém, na comparação cronológica sobre o Antropoceno e o Capitaloceno, também podem ser muito importantes as possíveis especulações sobre seus respectivos términos. É bem plausível a hipótese de que o fim do capitalismo seja anterior ao do Antropoceno.

Por conseguinte, para discutir o capitalismo, interessa muito examinar como andam as reflexões sobre sua provável superação por outro "sistema", "ordem", "modo", "modelo" ou "formação". Pois não existe qualquer razão para se supor que tal fenômeno histórico possa ser eterno.

Foram bem mais numerosos do que se imagina os pesquisadores das ciências sociais que previram o fim do capitalismo. Em grande maioria, torciam para que a virada chegasse o quanto antes. Contudo, vários simpatizantes de tal "sistema socioeconômico" também se empenharam em explicar por que descartavam a hipótese de imortalidade.

Entre os primeiros, é óbvio que estão Marx e grande parte de seus seguidores, entre os quais, hoje, se destacam Wolfgang Streeck, John Bellamy Foster e Slavoj Zizek. Mas, também, escreveram sobre o término do capitalismo teóricos de outra estirpe, como John Stuart Mill, Max Weber, John Maynard Keynes e Joseph Schumpeter. Ou mesmo Daniel Bell, Peter Drucker e Jeremy Rifkin.

Tentar entender a longevidade e as variedades deste regime é mais profícuo que especular sobre a eventual transição para outra ordem, formação social, ou modo de produção. O que sugere uma excelente pergunta de pesquisa: será que os erros das muitas profecias não poderiam contribuir para a identificação dos mais fortes trunfos sistêmicos do capitalismo?

Fim do capitalismo?

Foi essa a aposta do historiador Francesco Boldizzoni, ao longo dos quinze anos de sua formação acadêmica, da Universidade Bocconi, em Milão, à Universidade de Cambridge. O resultado está no livro *Foretelling the End of Capitalism: Intellectual Misadventures since Karl Marx* (Harvard University Press, 2020).

O título não esclarece a principal ambição: descobrir os atributos que poderiam explicar a resiliência do capitalismo, com base em escrutínio das predições contrárias. Balanço crítico precedido por admirável descrição analítica das profecias que pulularam desde 1848, quando a própria expressão "capitalismo" foi criada pelo revolucionário francês Louis Blanc (1811-1882).

Panorama bem organizado, em quatro capítulos que separam: incipientes antevisões apocalípticas; renovações no intervalo entre as duas grandes guerras mundiais; mudanças durante a súbita e curta "era de ouro"; e guinadas nestas décadas de "fim da história".

É até difícil dizer se o melhor está em tão saborosa inspeção histórica das conjecturas dos que se aventuraram a vaticinar, ou no subsequente ousado exercício de procurar dela extrair alguma luz sobre as razões da própria robustez do sistema. Porém, a decorrente hipótese sobre os porquês de tanto vigor não fica à altura das duas proezas da obra.

A minuciosa revisão de Boldizzoni levou-o a atribuir a pujança do capitalismo à combinação entre "hierarquia" e "individualismo". A estrutura hierárquica da sociedade capitalista estaria mantendo a lógica de dominação que caracterizou as relações sociais na Antiguidade e sob o sistema feudal. Ao mesmo tempo, o individualismo (relações humanas mais apoiadas em contrato do que em laços de solidariedade) seria a forma particular assumida — em sua variante

Zoom: Outras reações nas Humanidades

ocidental — por longo processo que começou no início do período moderno.

Todavia, mesmo que fundamental, não parece ser a dobradinha entre hierarquia e individualismo o que mais diferenciou o capitalismo de todas as formações sociais anteriores — não só na mencionada sequência escravista-feudal, de quase toda a Europa, mas nas muitas outras. Bem superior tem sido sua fenomenal capacidade de gerar, com inédita rapidez, inovações sinérgicas, articuladoras de tecnologias e instituições.

A combinação cultural apontada por Boldizzoni está longe de dar conta das mudanças de arranjos evolutivos complexos, engendradas em quase dois séculos. Foram e têm sido tantas essas macromutações que é dificílimo listá-las. Vão da máquina ao conhecimento, dos lucros aos dividendos, do tangível ao intangível, do custo proporcional ao custo marginal zero, ou do nacional ao global.

O provocador livro *Postcapitalism: A Guide to Our Future* (*Pós-capitalismo: um guia para o nosso futuro*), do brilhante jornalista britânico Paul Mason, é um plano para acelerar a transição que já estaria sendo impulsionada pela tecnologia da informação. Esta, "longe de criar uma forma nova e estável de capitalismo, está dissolvendo-o".

A pergunta que não pode ser evitada é sobre a importância relativa dos desdobramentos biogeofísicos de todas estas mudanças. O conhecimento científico avançou o suficiente para que tenha se tornado obrigatório discutir o advento do Antropoceno, posterior aos últimos dez ou onze milênios do Holoceno.

Será que, nesta nova Época, emergirão — a tempo — as inovações institucionais e tecnológicas capazes de regenerar a biodiversidade, terrestre e oceânica, que começaria pela descarbonização das sociedades? Se sim, o quanto e como alterarão o insigne fôlego de sete gatos do capitalismo?

Os mais preocupados com tais perguntas costumam insistir na ideia de que, a rigor, estaria em curso uma grave crise de ordem "civilizatória", muito mais abrangente e historicamente decisiva que o porvir do capitalismo. É uma ideia bem frequente entre os que estudam a degradação ecossistêmica, notadamente o aquecimento global e o desafio da descarbonização.

Civilização

Sobre o processo civilizador é impossível encontrar mais otimismo do que na prosa do psicólogo cognitivo Steven Arthur Pinker, em três calhamaços, de 2011, 2018 e 2021. Considera irracional qualquer preocupação com riscos existenciais, desqualificando liminarmente quem leve a sério os temores expostos, por exemplo, pelo físico Martin Rees (2003, 2021) ou pelo filósofo Nick Bostrom (2014).

Segundo ele, fazem parte do contrailuminismo as atuais preocupações com riscos existenciais de caráter ambiental. Chega a dizer que, em tal onda, os interesses humanos estariam sendo subordinados a uma entidade transcendente, chamada ecossistema. Com a ressalva de que os pragmáticos adeptos do "Manifesto Ecomodernista" seriam os únicos ambientalistas humanísticos e iluministas, pois fundamentados em otimismo, em vez de decadentismo romântico.

Muitos atribuem tamanho panglossianismo de Steven Pinker a seu viés liberal-conservador. Porém, um dos principais expoentes desta vertente do liberalismo, o historiador Niall Ferguson, não poderia ter sido mais cético, em suas quatro obras do mesmo período (2011, 2012, 2017, 2021).

Ferguson descreve, de forma bem persuasiva, como estaria se dando a "grande degeneração" do Ocidente. E repetindo, *ad nauseam*, a previsão de abrupto colapso por conta da reinante "pusilanimidade". Bem pior, segundo ele, do que riscos de guerra nuclear, graves pandemias ou degelo das calotas polares.

Então, o viés de Pinker parece mais bem explicado por sua exorbitante primazia à dimensão psicológica da aventura humana. Só enxerga um uso cada vez maior da razão, da inteligência e da engenhosidade, combinados a cada vez mais altruísmo e empatia.

Tudo muito bonito, mas incompatível com o grande avanço investigativo dos historiadores contemporâneos, ao rechaçarem a propensão à linearidade teleológica, denominada "historicismo filosófico", bem comum até o século XX. Hoje abominam a ideia de que os eventos possam estar destinados a se desdobrar em conhecida trajetória. Ao contrário, muitas tendências operam ao mesmo tempo, permitindo concomitância de progresso, regressão e estase.

É este o recado de dezessete professores de história, das melhores universidades do mundo, na coletânea *Darker Angels of Our Nature: Refuting the Pinker Theory of History and Violence* (Bloomsbury, 2022). Seus organizadores, Philip Dwyer e Mark S. Micale, rejeitam o pressuposto unívoco de que a história caminhe no sentido do progresso. Algo bem presente no que seria seu principal álibi teórico: o "processo civilizador" de Norbert Elias (1897-1990).

Afirmam que a euforia de Pinker é incompatível com o tumulto do mundo, destacando as desigualdades na saúde, os desastres naturais decorrentes da mudança climática, a corrupção governamental, a poluição urbana mortal e o desmatamento acelerado.

Felizmente, também há quem seja tão otimista quanto Pinker, sem negar a importância dos riscos existenciais. Bom exemplo está no prolífico futurólogo Jeremy Rifkin (2009, 2011, 2014, 2019). Chega a prever a derrocada da "civilização dos combustíveis fósseis" por volta de 2028, seguida de calamitoso período que duraria somente um decênio, atingindo, indistintamente, os três grandes blocos geopolíticos liderados por Estados Unidos, União Europeia e China.

Visão similar é a do grande analista tcheco-canadense Vaclav Smil (2021), mesmo que evite predizer quais seriam as datas da eventual passagem a uma civilização que opere dentro dos limites biosféricos. Considera que tal Época já começou, malgrado tantas inexplicáveis procrastinações.

Também sem fazer prognósticos, quem mais enfaticamente defende a tese de que "só existe uma civilização no mundo" é o historiador israelense Yuval Noah Harari, na sexta de suas 21 lições para o século XXI. Afirma que as poucas civilizações remanescentes têm se mesclado numa única civilização global. Por isso, os três grandes desafios deste século — mudança climática, inteligência artificial e biotecnologias — serão igualmente globais: "As pessoas ainda têm religiões e identidades nacionais diferentes. Mas, quando se trata de coisas práticas — como construir um Estado, uma economia, um hospital ou uma bomba —, quase todos nós pertencemos à mesma civilização" (Harari, 2018: 131, 141).

Também, em posição diametralmente oposta à de Ferguson, Yuval Harari dá altíssima importância ao drama ecossistêmico. Diz que, além da guerra nuclear, nas próximas décadas o gênero humano vai enfrentar uma nova ameaça existencial — o colapso ecológico: "Os humanos estão desestabilizando a biosfera global em múltiplas frentes. Estamos extraindo cada vez mais recursos do meio ambiente e nele despejando quantidades enormes de lixo e veneno, mudando a composição do solo, da água e da atmosfera". "A ameaça maior é a mudança climática. [...] Mesmo que a civilização se adapte posteriormente às novas condições, quem sabe quantas vítimas perecerão no processo de adaptação?" (Harari, 2018: 151-2).

Sobre esta ideia de a civilização ser, hoje, global — em

vez de separar a Ocidental e "o Resto", como faz Ferguson —, é hesitante a mais destacada autoridade em colapsos de sociedades motivados por razões ambientais: Jared Diamond.

Nos preciosos estudos de caso que publicou, desde o best-seller de 1997, *Guns, Germs, and Steel* (*Armas, germes e aço*), mostrou-se propenso a principalmente valorizar civilizações não ocidentais, tentando mostrar "o que podemos aprender com as sociedades tradicionais", tema central do livro de 2012, *The World Until Yesterday* (*O mundo até ontem*). Porém, a parte final do livro de 2019, *Upheaval* (*Reviravolta*), tenta responder à seguinte pergunta: o que mais ameaça a existência da civilização em nível global?

Ele responde com quatro conjuntos de problemas em ordem decrescente de importância: explosões de armas nucleares, mudança climática, depleção de recursos naturais e desigualdades dos padrões de vida. Sem deixar de dizer que outras pessoas acrescentariam quatro outros a esta lista: fundamentalismo islâmico, emergentes doenças infecciosas, colisão de asteroide e extinções biológicas em massa (Diamond, 2019: cap. 11).

O que parece certeza a este punhado de admiráveis analistas (Diamond, Ferguson, Harari, Rifkin e Smil) é a subjacente ideia de que a civilização está, sim, em crise, mesmo que nem todos sejam claros sobre qual civilização (global ou ocidental) e que um deles — Ferguson — atribua menos importância às razões ambientais da crise.

EVOLUCIONISMO

É diferente a listinha de grandes historiadores da civilização que tiveram suas obras descontruídas pelo principal lançamento de 2021 no âmbito das Humanidades: o livro *The Dawn of Everything: A New History of Humanity* (ed.

bras.: *O despertar de tudo: uma nova história da humanidade*, Companhia das Letras, 2022). Vários de seus onze capítulos são, com certeza, de leitura obrigatória nas ciências sociais, a começar pela antropologia e pela história. Mesmo que outros nem venham a ser adotados como optativos pelo outro alvo, o ensino de filosofia.

A ambivalência é fruto de dez anos de trabalho cooperativo de dois Davids: o escritor, militante anarquista e antropólogo estadunidense Graeber (1961-2020) e o britânico Wengrow (1972-), professor de arqueologia comparada no Instituto de Arqueologia do University College London. Ao concluírem a redação da obra, o primeiro foi fulminado por uma pancreatite, em Veneza, aos 59 anos. Uma década antes, ganhara projeção global por ser um dos próceres do movimento OWS (Occupy Wall Street). Já o segundo, bem mais jovem, parece satisfeito com sua exclusiva e discreta carreira acadêmica.

O resultado não disfarça o quanto é difícil conciliar a frieza analítica, requerida pela imensa ambição do subtítulo, e uma inclinação mais poética e excêntrica, escancarada pelo título. Afinal, qualquer coisa que possa ser entendida como o "despertar de tudo" é, inapelavelmente, muitíssimo mais antiga que a epopeia dos últimos 30 mil anos, perímetro do escrutínio da dupla. A vida surgiu há quase 4 bilhões de anos, e a extinção de um ancestral comum a humanos e chimpanzés ocorreu há 6 milhões de anos.

Talvez também possa ser atribuída à mesmíssima dificuldade o fato de a leitura frequentemente se tornar das mais enfadonhas e fatigantes. Quantos leitores conseguirão dar conta, com razoável atenção, de 556 páginas de texto, sentindo, com muita frequência, obrigação de consultar muitas das 845 notas, em outras 70 páginas? Inevitável ser seletivo, embora, para isso, a organização do livro em nada contribua.

Malgrado tantos defeitos, a proeza da dupla Graeber-

-Wengrow só poderá agradar a quem tenha dado merecida atenção às contribuições para a história do processo civilizador oferecidas por estes quatro profícuos analistas: Yuval Noah Harari, Jared Diamond, Steven Pinker e Francis Fukuyama. Vítimas do evolucionismo linear e teleológico criado, a partir de 1925, pelo australiano Vere Gordon Childe (1892-1957).

Por exemplo: as evidências arqueológicas acumuladas nas últimas décadas convergiram para a constatação de que foram muito mais numerosos do que se supunha os agrupamentos humanos que preferiram, em trajetórias diversas, aprofundar as suas atividades de caça, pesca e coleta, em vez de enveredarem por práticas agrícolas que chegaram a dominar. Mesmo onde o fizeram, foram milênios de transição entre o exclusivo forrageamento e a adoção de sistemas agropecuários, sem correlação obrigatória com nomadismo, sedentarismo, escravismo e urbanização. O Estado, por sua vez, só emergiu em parte das sociedades que passaram por tal transição.

Além disso, ainda é precário o conhecimento sobre tais dinâmicas fora do Crescente Fértil, como nos casos da China, dos Andes, do México, da Nova Guiné e da África. Então, é inevitável que se questione a noção de "revolução neolítica" ou "revolução agrícola", não apenas aceita, mas muito enaltecida pelos pensadores citados.

É claro que a comunidade dos arqueólogos não esperou pelo trabalho da dupla Graeber-Wengrow para fazer algum esforço de síntese sobre tais questões. Em outubro de 2008 já havia sido realizado, em Paris, um imenso colóquio, cujos resultados se encontram na coletânea intitulada *La Révolution néolithique dans le monde*, sob a direção de Jean-Paul Demoule (CNRS Éditions, 2010, 605 páginas, gratuito na internet desde 2019). Todavia, uma boa divulgação de tais conhecimentos não poderia prescindir de alguma iniciativa do tipo de *O despertar de tudo*, por mais que a pretensão conceitual dos dois autores tenha ido muito além.

Para a dupla, não tem suficiente relação com os fatos o "quadro geral" da história que permanece defendido por seguidores atuais tanto de Thomas Hobbes quanto de Jean--Jacques Rousseau. Isto é, a ideia de que seria possível dispor as sociedades humanas em estágios de desenvolvimento, cada qual com tecnologias e formas de organização próprias (caçadores-coletores, agricultores, sociedade urbano-industrial e assim por diante).

As origens de tais noções viriam de forte reação conservadora a certa crítica da civilização europeia, que teria começado a ganhar terreno nas primeiras décadas do século XVIII. Porém, tais raízes não estariam nos filósofos do Iluminismo (mesmo que a tenham inicialmente admirado e imitado), mas, sim, entre sagazes observadores indígenas da sociedade europeia, como o chefe ameríndio (huroniano) Kondiaronk (*c.* 1649-1701).

Esta incursão pelo que chamam de "crítica indígena" consiste — para os Davids — em levar a sério contribuições ao pensamento social que vieram de fora do cânone europeu e, em particular, dos povos indígenas, aos quais os filósofos ocidentais sempre tentaram atribuir o papel de anjos ou de demônios da história.

Tão importante quanto é constatar que pode ter sido bem mais precoce do que se pensa a emergência de instituições democráticas. Como salientou Reinaldo José Lopes, em excelente artigo para a revista *Superinteressante*:

"Um novo olhar sobre a organização social e política de povos antigos, em especial dos que viviam fora da esfera de influência da cultura ocidental no espaço e no tempo, sugere que instituições com 'cara de democracia' são muito mais comuns do que se imaginava até pouco tempo atrás. Em diversos casos, elas podem ter surgido logo no começo da forma-

Zoom: Outras reações nas Humanidades   111

ção de sociedades complexas, e não como uma simples reação aos governos tirânicos ou hierárquicos que seriam a forma 'natural' de organização dessas sociedades. Em outras palavras, dizer que os gregos de Atenas inventaram a democracia é, no mínimo, um exagero considerável" (Lopes, 2013: 56).

Alicerce

Nesta altura, a mais importante indagação só pode estar voltada às possíveis vias de superação do que foi chamado acima de "evolucionismo linear e teleológico", dominante entre as melhores análises a respeito do processo civilizador, alicerce do que se deve entender por Humanidades, a começar pelas científicas.

Então, a terceira parte deste livro não poderia deixar de apresentar o que prometem ser pistas para um futuro enfrentamento do desafio de se ir além de uma sucessão de estágios de desenvolvimento, resultantes de precárias interpretações dos relacionamentos de tecnologias com formas de organização. Exercício que, inevitavelmente, levanta questões sobre o que tem sido chamado de "complexidade".

3.
ACHADOS:
COMPLEXIDADE E EVOLUÇÃO

Atenta revisão da literatura sobre complexidade produz a sensação de se estar diante de uma estranha Torre de Babel. Além disso, um dos problemas que mais chama a atenção é o da falta de conexões com as teorias da evolução, especialmente a de Charles Darwin. Com especial destaque para a invisibilidade de dois pensadores com contribuições que são das mais relevantes, se não as mais relevantes: Peter Corning e Patrick Tort.

Depois de justificar a primeira afirmação acima — sobre a Torre de Babel —, este capítulo traz uma exposição circunstanciada das ideias centrais de Corning e Tort. Há exatos quarenta anos, ambos defendem teses que foram estranhamente ignoradas por seus pares: a da "Seleção Sinérgica" como essência da "seleção natural" (Corning); e a do "efeito reverso da evolução" no âmbito das duas revoluções científicas de Darwin, a lógica e a antropológica (Tort).

Stephen Hawking proclamou que a ciência deste século será a da complexidade. Profecia que parece se confirmar em muitos sinais de entusiasmo. Seguem dois exemplos apenas do mês de julho de 2022, na *Folha de S. Paulo*.

No dia 2, o filósofo australiano Peter Godfrey-Smith, entrevistado sobre a recém-lançada tradução de seu último livro *Metazoa* (editora Todavia), ressaltou a necessidade de mais pesquisas sobre a "complexidade" oculta na vida dos animais.

Duas semanas depois, a noção foi usada catorze vezes no artigo "Como seria a vida se não houvesse mais natureza", da jovem zoóloga Lauren Holt, do Center for the Study of Existencial Risk, da Universidade de Cambridge.

Por que usam tal termo? É que, como já foi destacado, mas vale repetir aqui, do sistema imune ao mercado, passando por um cérebro ou por um formigueiro, não faltam fenômenos nos quais amplas redes auto-organizadas fazem emergir — mediante simples esquemas operacionais e sem qualquer controle central — sofisticados comportamentos e tratamento de informações. E a maior parte de tais conjuntos também tem capacidade adaptativa, seja por evolução, seja por aprendizado.

Esta talvez seja a mais concisa resposta à interrogação sobre o significado da complexidade. Mas há muitas outras, que certamente respondem melhor às muitas preocupações disciplinares.

Mesmo assim, quase sempre se referem a interações que fazem emergir comportamentos não lineares de intrincados sistemas adaptativos que — longe do equilíbrio — tanto podem se manter relativamente estáveis quanto se mostrar capazes de gerar abruptas oscilações, explosões de bolhas, *crashes*, convulsões, colapsos etc.

A grande dúvida é se os estudos sobre tais interações estão avançando tanto quanto o esperado por Hawking, ao lançar sua profecia sobre o que, hoje, parece mais preciso chamar de "novas ciências da complexidade".

Um indicador pode ser a trajetória acadêmica de John Sterman, atual diretor do MIT System Dynamics Group, da MIT Sloan School of Management, que também é membro do New England Complex Systems Institute e autor do premiado best-seller *Business Dynamics*, já beirando as 20 mil citações no Google Acadêmico.

Há claro contraste temático entre suas produções anteriores e posteriores aos primórdios dos anos 2000. Sterman abandonou qualquer novo esforço em teorizar sobre sistemas complexos para se devotar a propostas pedagógicas no âmbito da urgência climática e da sustentabilidade. É de sua autoria, aliás, o simulador de soluções *En-ROADS*, que tanto tem ajudado nas negociações da Convenção do Clima.

Cabe perguntar se seria fortuito, ou fato isolado, tal giro no trabalho acadêmico de John Sterman. Será que tamanha redução de interesse em eventuais avanços teóricos sobre sistemas complexos não refletiria um fenômeno mais amplo, como uma espécie de decadência das próprias "ciências da complexidade"?

Aparentemente, ao menos até 2009, não haveria motivos para se falar em descenso. Foi quando a Oxford University Press lançou excelente livro sobre o assunto, *Complexity: A Guided Tour*, da premiada cientista da computação Melanie Mitchell. Incomparável descrição analítica das pesquisas impulsionadas pelo Instituto Santa Fé, principal referência internacional sobre ciências da complexidade, centro de pesquisas no qual a autora tem atuado como professora associada desde os primeiros anos da década de 1990, quando ainda pós-graduanda: <https://melaniemitchell.me/>.

Na conclusão, ela salienta várias das restrições que já haviam surgido, desde meados dos anos 1990, à possibilidade de que as pesquisas sobre complexidade pudessem gerar ciência unificada. Registra, inclusive, uma radical mudança na atitude dos alunos do Instituto, pois passaram a ser céticos questionadores, depois de embevecidos e exultantes por mais de um decênio.

Reafirma, contudo, sua confiança no futuro da empreitada, apesar dos imensos danos sofridos, desde 1995, por antagônica matéria de capa da revista *Scientific American*, assinada pelo jornalista científico e professor de história da ciência John Horgan: <https://www.johnhorgan.org/>.

Achados: Complexidade e evolução

Como já foi dito, com base em uma dúzia de entrevistas com os principais expoentes em pesquisas sobre complexidade, Horgan se declarou totalmente perplexo com a falta de unidade de propósitos entre projetos altamente especulativos. Seu mordaz artigo fez ainda mais estragos ao se tornar, em 1996, o oitavo capítulo do livro *The End of Science: Facing the Limits of Knowledge* (ed. bras.: *O fim da ciência*, Companhia das Letras, 1999), que trouxe triunfante novo prefácio em sua reedição, de 2015, pela Basic Books.

É impossível avaliar em que medida foi esta feroz investida de Horgan que tirou o charme do que ele apelidou de "caoplexologia", mas certamente contribuiu bastante para que muitos começassem a se perguntar se as "novas ciências da complexidade" estariam, de fato, indo na direção da profecia de Hawking.

O excelente e otimista livro de Melanie Mitchell parece ter surgido nos estertores da fase de completa euforia. Pois foi justamente no ano seguinte — 2010 — que o número de centros de pesquisa sobre o tema atingiu seu teto (sessenta), após terem se espalhado pelas Américas, Europa, China, Japão e Austrália. Mais: os financiamentos da União Europeia a projetos sobre complexidade, que atingiram 100 milhões de euros, foram descontinuados em 2015.

Tudo indica, então, que sim, há nítida queda. Também confirmada pelo fato de que muitos pesquisadores que continuam a estudar sistemas adaptativos complexos passaram a preferir nem utilizar o termo "complexidade". O que clama por tripla discussão: sobre as características da ascensão, sobre as razões da reversão de expectativas e sobre o status das pesquisas que perseveram.

Nada mais nada menos do que entrega o livro *Histoire et sociologie des sciences de la complexité*, do jovem professor francês, de origem italiana, Fabrizio Li Vigni. Subproduto de gigantesca tese de doutorado, foi publicado, no fim de 2021, pelas Éditions Matériologiques, de Paris, passando a ser uma referência incontornável a quem quiser perscrutar os possíveis futuros dos estudos científicos sobre a complexidade.

O que tão minuciosa descrição analítica mais confirma é que não há nada de errado com a imagem metafórica que associa as pesquisas sobre complexidade a uma Torre de Babel, da qual não parece sair algum gênero de esperanto. O que não impediu Li Vigni de apresentar uma proposta de solução do impasse.

Ao mapear os trabalhos de centenas de pesquisadores das ciências da complexidade, o autor descobriu umas vinte variantes, das quais sete até chegam a constituir razoáveis "arquipélagos". Mas quatro são celebridades que ele apelidou de "elétrons livres" (como Warren Weaver [1894-1978] ou Joseph Tainter) e o restante envolve noções bem peculiares de complexidade, muito difundidas em áreas como saúde, ecologia, informática e matemáticas. Nestas últimas, o termo "complexidade" recebe, quase sempre, algum hermético qualificativo, do gênero "combinatória", "ciclomática" ou "comunicativa".

Seria possível manter ao menos uma pequena parte do otimismo de Hawking diante de tamanha barafunda? A resposta tende a ser negativa, com certeza. Porém, um raio de luz no fim do túnel surgiu no desenvolvimento da pesquisa histórica, sociológica e até etnográfica de Li Vigni, concentrada na influência que tiveram os dois principais polos promotores das ciências da complexidade.

Além do já mencionado e atuante Instituto Santa Fé (fundado em 1984), há o polo parisiense, inicialmente puxado pelo CREA (Centre de Recherche en Epistémologie Appliquée, 1982-2012), de certa forma continuado pelo ISC--PIF (Institut des Systèmes Complexes de Paris Île-de-France), criado em 2005.

Achados: Complexidade e evolução

A influência destes dois polos se traduz, hoje, em inúmeros círculos de pesquisadores universitários que lidam com as ciências da complexidade, sem considerá-la, contudo, mais importante que suas próprias tradições disciplinares. Algo muito comum em faculdades de física e de matemática, mas, também, nas das ciências da vida e nas ciências cognitivas. Além disso, estes mesmos pesquisadores interagem em conferências temáticas, procurando financiamentos coletivos e relatando resultados em muitas revistas científicas.

Em tal contexto, Li Vigni diz ter se confrontado com um paradoxo. Se, por um lado, as fronteiras das ciências da complexidade são maleáveis, indefinidas e abertas, por outro, seu rótulo mostra uma identidade consolidada, reconhecida e clara. Mesmo que haja, sem dúvida, forte tensão entre a solidez do campo interdisciplinar e a abertura de suas características epistêmicas, sociais e institucionais.

Daí a principal proposta do livro ser a adoção do conceito de "plataforma científica", expressão que, todavia, já vem sendo utilizada em vários outros sentidos, como mostrou, por exemplo, a criação da Plataforma Científica Pasteur-USP. É até possível que seja uma saída honrosa para o dito paradoxo, mas que não dá o mínimo sinal sobre o futuro das ciências da complexidade.

Em suma, tudo indica que Stephen Hawking pode ter subestimado demais o grau da desordem hostil ao cumprimento de sua profecia.

"Patinho feio" ou "estranho no ninho"?

Na literatura sobre complexidade, o problema que mais chama a atenção é a prevalente falta de conexões com os debates sobre a evolução. Essencialmente quando se tem em conta que uma das principais incógnitas das ciências da vida está, justamente, nos determinantes da maior ou menor complexidade dos organismos.

Mais surpreendente ainda é que o pesquisador que mais se dedicou a esta questão tenha sido tratado, nos últimos quarenta anos, como um misto de "estranho no ninho" e "patinho feio". Seu nome é Peter Corning, e seu website merece ser navegado: <https://complexsystems.org/author/primarysystem/>.

Em 1983 ele lançou o livro *The Synergism Hypothesis: A Theory of Progressive Evolution* (pela McGraw Hill), que foi solenemente ignorado, tanto por seus colegas biólogos quanto pelos pesquisadores que, exatamente no mesmo período, lideraram o arranque das ditas "novas ciências da complexidade".

Na visão do próprio Corning, sua "teoria" enfrentou forte maré adversa por ter sido lançada no apogeu do modelo "gene egoísta", quando também reinava a tese da seleção de parentesco na sociobiologia.

É o que se lê no preâmbulo de seu mais recente livro, lançado em 2018: *Synergistic Selection: How Cooperation Has Shaped Evolution and the Rise of Humankind*. Obra elogiadíssima, em sua capa e contracapa, por quatorze pesquisadores, entre os quais estes oito: Denis Noble, Eva Jablonka, David Sloan Wilson, Patrick Bateson, Herbert Gintis, Geoffrey Hodgson, John M. Gowdy e Daniel W. McShea.

Porém, nos anos 1980 pareceu exagerada, e até "quixotesca", a quase todos os *scholars*, a simples ideia de que sinergias funcionais de vários tipos pudessem ter papel causal na moldagem da trajetória evolutiva. Que o autor qualificou de "uma teoria econômica da complexidade biológica".

Passados os 35 anos entre os dois livros citados, a maré se tornara bem menos desfavorável. A ponto de um resenhista anônimo afirmar "abelhudamente" não ter encontrado nada de novo: *"It's rather obvious — a truism"*.

Achados: Complexidade e evolução

Para que o leitor faça uma ideia da envergadura da desdenhada obra de Peter Corning, o mais importante são os seis primeiros capítulos de seu livro de 2018. Primeiro, procuram explicar o que ele entende por complexidade e evolução. Em seguida discutem as teses de que a cooperação supera (*"trumps"*) a competição e que deve ser entendida como "combinação de trabalho". Para depois revisitar o grande debate sobre "as grandes transições na evolução".

O que segue é um resumo do conteúdo desses capítulos, que evita grande parte das referências bibliográficas. Especialmente as que podem ser importantes aos leitores especializados, mas, certamente, enfadonhas aos leitores deste livro sobre as reações das Humanidades ao Antropoceno.

COMPLEXIFICAÇÃO BIOLÓGICA

A teoria darwiniana não explicou o aumento da complexidade biológica, uma das mais importantes tendências da história da vida na Terra. E ainda faz falta, à ciência, um adicional princípio explicador para a trajetória da "complexificação" biológica, desde as primitivas formas de vida unicelulares, seguidas por intrincados eucariotas, organismos multicelulares e, finalmente, os loquazes bípedes, bem sociáveis, muito inteligentes e usuários de ferramentas.

Darwin foi contra as ideias determinísticas de Lamarck e Spencer, mas não ofereceu esclarecimento sobre a evolução da complexidade. Com poucas exceções, seus seguidores preferiram tratar a questão como um "não problema", ou epifenômeno.

Foi somente no fim do século passado que Lynn Margulis (1990, 1991, 1993) demonstrou o papel da "simbiogênese" — a simbiose como principal causa da crescente complexidade dos sistemas vivos.

Por seu lado, o simultâneo impulso do movimento por uma teoria científica da complexidade — fortemente baseado em novas ferramentas de modelagem matemática — ignorou a conjectura darwiniana, quando não a própria biologia.

Ótimo exemplo está no livro *Emergence: From Chaos to Order* (1998), de John H. Holland, grande pioneiro dos algoritmos. Para ele, a grande questão seria descobrir como as leis da física e da química teriam feito emergir os sistemas vivos.

Mas esta também foi a pegada dos primeiros escritos do grande teórico da biologia, Stuart Kauffman. Em seu impactante livro de 1995 — *At Home in the Universe* — chegou a especular sobre uma suposta quarta lei da termodinâmica, uma inerente tendência do mundo natural à diversidade e à complexidade.

São inúmeras as variações em torno da mesma ideia, propondo princípios de auto-organização como motores da complexidade. Para Corning, são todas reducionistas, pois — independentemente da seleção natural — todas evocam alguma subjacente "força", "agência", "tendência" — ou "lei" — determinante do andar da evolução, ou, no mínimo, da crescente complexidade.

O panorama mudou nas duas primeiras décadas deste século. A questão da complexidade finalmente emergiu como grande tema do *mainstream* da biologia evolucionária. A busca por uma "Grande Teoria Unificada", nas palavras do biólogo Daniel W. McShea (2015).

Como já foi adiantado, Peter Corning considera que tal teoria já existe, desde 1983. Estaria em seu livro *The Synergism Hypothesis: A Theory of Progressive Evolution*, que apresenta uma teoria econômica (ou talvez bioeconômica) da complexidade.

Dito de forma simples, interações cooperativas de vários tipos podem produzir novos efeitos combinados — *sinergias*

— com vantagens funcionais que podem, por sua vez, se tornar causas diretas da seleção natural.

O foco da "Hipótese Sinérgica" está na favorável seleção de "todos" ("*wholes*") sinérgicos e em combinações de genes para produzirem tais "todos". As partes (e seus genes), que criam tais sinergias, podem se tornar unidades interdependentes da mudança evolucionária.

Na natureza, são os benefícios funcionais (econômicos), associados a vários tipos de efeitos sinérgicos, que constituem a causa subjacente das relações cooperativas e da organização complexa.

É a sinergia produzida pelo todo que fornece os ganhos funcionais capazes de favorecer, diferencialmente, a sobrevivência e a reprodução das partes (e de seus genes).

Mesmo que possa ser vista como lógica antiquada, a tese é de que a sinergia funcional é a causa da cooperação e complexidade dos sistemas vivos, não o contrário. Repetindo, então: a Hipótese Sinérgica é basicamente uma teoria econômica da complexidade emergente, que se aplica tanto à evolução biológica quanto à evolução cultural.

De forma independente, os biólogos John Maynard Smith e Eörs Szathmáry (1995) haviam chegado à mesma conclusão em seu desbravador trabalho sobre as "grandes transições". Aliás, Maynard Smith já havia até proposto o conceito de Seleção Sinérgica em artigo de 1982, "The Evolution of Social Behavior: A Classification of Models".

A Seleção Sinérgica se refere aos muitos contextos naturais em que dois ou mais genes, genomas ou indivíduos têm um destino compartilhado, sendo funcionalmente interdependentes.

Mas a Seleção Sinérgica é uma dinâmica evolucionária com escopo bem mais amplo do que o vislumbrado por Maynard Smith. Inclui fenômenos aditivos, com efeitos de limiar combinados e — mais importante — muitas "novidades qualitativas", que nem podem ser expressas em termos quantitativos.

Uma teoria geral, que possa vir a servir às Humanidades e às ciências da vida, deverá ser capaz de fornecer uma explicação causal que englobe todas as formas da realidade social, bem como o surgimento de formas de vida. Este é o desafio para qualquer teoria de seleção que reivindique generalidade.

Corning mostra-se absolutamente convicto de que são a Hipótese Sinérgica e a Seleção Sinérgica que respondem a tal desafio teórico. A vida tem sido, desde o início, um fenômeno sinérgico.

Nova visão da evolução

Demorou, mas a "cooperação" ficou recorrente entre os biólogos evolucionários. Alguns disseram que ela passou a ser vista como a "força criativa básica" de níveis de complexidade e organização cada vez mais altos, enquanto outros, como Martin A. Nowak (2011), a chamou de "o arquiteto-mestre da evolução".

"Sim, mas...", diz Corning. Pois considera que não é a cooperação, em si, a força criativa ou o arquiteto. Em vez disso, a chave está nos efeitos combinados produzidos pela cooperação: as sinergias funcionais. A cooperação costuma ser o veículo, desde que conduzido pela sinergia.

Embora tenha vários "apelidos" — mutualismo, cooperativismo, emergência, dependência de densidade, massa crítica etc. —, a sinergia é, de fato, um fenômeno ubíquo. Está por todo lado e tem sido fonte de criatividade e inovação na natureza. Mais: moldou toda a trajetória da vida na Terra.

Sinergia pode ser definida como os efeitos combinados produzidos, em muitos contextos, por relacionamentos e interações entre várias forças, partículas, elementos, partes, indivíduos ou grupos. Efeitos funcionais, criados em conjunto e não atingíveis de outra maneira.

As mais "milagrosas" sinergias talvez sejam as encontradas nos organismos vivos. Bactérias, os organismos mais abundantes em termos de biomassa total, são as inventoras e mestres de imensa variedade de efeitos sinérgicos. Entre os mais notáveis, sabe-se hoje, foram as pioneiras da vida em comunidade, da organização multicelular e até da divisão do trabalho ou, como mais adiante será explicado, "combinação de trabalho".

Por exemplo, o processo de conversão da celulose em úteis nutrientes no rúmen da vaca, que depende dos serviços combinados de cinco diferentes cepas de bactérias simbióticas. Quatro delas fornecem diferentes enzimas, para diferentes etapas da conversão, enquanto a quinta as protege de exposição ao oxigênio, grave ameaça às bactérias anaeróbicas. Ruminantes não poderiam digerir gramíneas sem tamanha parceria sinérgica.

Os liquens, formados pela associação mutualística de fungos e algas, nem chegam a ser uma espécie, mas sim uma ampla categoria de relacionamentos simbióticos, com mais de 25 mil variedades. E os liquens também têm um terceiro parceiro simbiótico: um fungo de levedura que turbina o desempenho mútuo. Assim, os liquens exploram múltiplas formas de sinergia, que lhes dão diversas vantagens ecológicas.

Então, não é a seleção natural dita "clássica" (em molde individualista, competitivo) que define a trajetória da evolução para maior complexidade. Os sistemas complexos que surgiram na natureza são, antes de tudo, o resultado de inovações funcionais cooperativas e seus combinados benefícios econômicos. Não isoladas e atomísticas mudanças genéticas. Repetindo: a Seleção Sinérgica representa, na verdade, uma subcategoria da seleção natural.

Os evolucionistas modernos também tendem a personificar, ou "reificar", a seleção natural, tratando-a como se fosse uma "agência" de seleção ativa, ou, literalmente, algum tipo de "força externa". O próprio Edward O. Wilson pergunta: "Por qual *força* [grifo dele] da dinâmica evolutiva, então, a nossa linhagem abriu caminho pelo labirinto evolutivo?". E responde: "A seleção natural, e não um projeto divino, foi a força que abriu esse caminho". Isso está no popular *The Social Conquest of Earth* (*A conquista social da Terra*), de 2012, na página 68.

Mas o problema é que a seleção natural não faz nada (*"does not do anything"*). Nada é ativamente selecionado (mesmo que interações predador-presa e seleção sexual possam ser fortes exceções), e certamente não se trata literalmente de uma força.

A seleção natural poderia ser chamada de "expressão guarda-chuva". Uma ampla e aberta categoria, que se aplica a todos os fatores responsáveis, em determinados contextos, por causar sobrevivência e sucesso reprodutivo.

METÁFORA

É um modo de caracterizar as consequências funcionais — as recompensas — por qualquer mudança no relacionamento entre um dado organismo (ou grupo de organismos) e suas circunstâncias ambientais (*"the environment"*), incluindo outros organismos. Em outras palavras, é uma metáfora, não um distinto mecanismo causal.

Para usar uma famosa distinção feita por Ernst Mayr (1961), são os efeitos (funcionais) próximos, decorrentes de qualquer mudança na relação organismo/ambiente, as causas finais das mudanças (evolutivas) em qualquer população ou espécie intercruzadas, ao longo do tempo.

O famoso psicólogo behaviorista B. F. Skynner foi certeiro ao dizer "seleção por consequências". E Mayr descreveu a evolução como "um processo em tandem de duas etapas", significando variações de muitos tipos, acompanhadas de "retenção seletiva" de favoráveis alternativas.

Em outras palavras, na evolução a causação também retrocede. Nela, efeitos funcionais também são causas. Não é a seleção natural que "dirige" as vantagens seletivas. Na verdade, quase todo efeito também é causa de alguma outra coisa, e toda e qualquer causa decorre de algum efeito prévio.

A rigor, muitas coisas, em diferentes níveis, podem ser responsáveis por mudanças na relação organismo/ambiente e na sobrevivência diferencial.

Pode ser uma mutação genética funcionalmente significante, uma transposição cromossômica, uma mudança no ambiente físico que afeta o desenvolvimento (ontogenia) ou talvez altere o suprimento local de alimentos ou a mudança de uma espécie que impacta outra espécie. Muito frequente é a mudança de comportamento que resulta em nova relação organismo/ambiente.

Então, mudanças genéticas podem ser causa ou produto do processo evolucionário, ou ambos. O biólogo Kevin Laland e seus colegas (2011, 2013) chamam tal dinâmica de "causação recíproca".

Toda uma sequência de mudanças pode se espalhar por meio de um padrão de relacionamentos.

Por exemplo, uma mudança climática pode alterar a ecologia local, a qual pode levar a uma mudança de comportamento para um novo habitat, que, por sua vez, pode encorajar mudanças de hábitos alimentares, capazes de precipitar mudanças nas interações entre diversas espécies, resultando, em última análise, na sobrevivência e reprodução diferencial de características alternativas e das sequências de codificação de DNA (os genes) que as suportam.

Em suma, a seleção natural não é um "mecanismo", mas sim um processo funcional dinâmico — um processo econômico. Está localizado em relações e interações entre organismos vivos e seus ambientes e nos resultados para sobrevivência e reprodução.

É o oposto do que ocorre na seleção artificial, ou mesmo em mercados, onde há um agente selecionador ativo. Então, a seleção natural é um conceito que, simultaneamente, ilumina e mascara a dinâmica causal da evolução.

Uma grande mudança teórica ocorreu na última parte do século passado, quando os biólogos finalmente começaram a tentar explicar a evolução da cooperação e da complexidade, e quando o mutualismo — simbiose entre diferentes espécies — também passou a ser reconhecido como um aspecto importante do mundo natural.

Antes disso, o esforço para explicar a cooperação social era centrado no gene e amplamente associado à teoria da "aptidão inclusiva", apelidada de "seleção de parentesco" por Maynard Smith.

Prevalecia a suposição de que cooperação necessariamente exige altruísmo. Consequentemente, não poderia ter evoluído se os sacrifícios feitos pelo cooperador não fossem compensados por benefícios aos seus parentes próximos.

Hoje em dia, muitos pensadores evolucionários assumiram o que tem sido chamado de "teoria da seleção multinível", a ideia de que a evolução pode ser influenciada em várias camadas da organização biológica, dos genes aos ecossistemas. E que parcerias cooperativas — e, às vezes, todo um grupo social — podem se tornar unidades interdependentes de mudança evolutiva.

E é aqui que a sinergia entra em cena. Parentesco não é necessário, nem suficiente, para explicar o fenômeno cooperativo. Sinergia, por outro lado, é necessária — mesmo que, obviamente, não suficiente.

Achados: Complexidade e evolução

Assim como a seleção natural é agnóstica sobre as fontes das variações funcionais que podem influenciar sobrevivência e reprodução diferenciais, também a Hipótese Sinérgica é agnóstica sobre como os efeitos sinérgicos podem surgir na natureza.

Eles podem ser auto-organizados; podem ser produto de variação casual; podem decorrer de relação simbiótica casual; ou podem resultar de alguma "inovação comportamental orientada para propósito" (*"purpose-driven behavioral innovation"*).

Também é importante ressaltar que há muitos tipos de sinergia no mundo natural, incluindo: sinergias de escala (quando números maiores fornecem uma vantagem coletiva de outra forma inatingível); efeitos de patamar, ou limite; complementaridades funcionais; aumentos ou facilitações (catalisadores); condicionamento ambiental conjunto; compartilhamento de risco e custo; compartilhamento de informações; inteligência coletiva; "simbiose animal-ferramenta"; e, claro, os muitos exemplos de divisão (ou combinação) de trabalho.

A COOPERAÇÃO SUPERA (*"TRUMPS"*) A COMPETIÇÃO

É bem extensa a crença de que a competição domina largamente na teoria darwiniana da evolução. O próprio Darwin deu muitos motivos para tal lenda em seu primeiro grande livro, *The Origin of Species* (*A origem das espécies*, 1859). Mas não no — bem menos lido — *The Descent of Man* (*A descendência do homem*, 1871), no qual tal ênfase mudou.

Alguns biólogos chegaram a dizer que, na natureza, a competição é que conduz a evolução do mutualismo. Porém, mesmo que haja situações competitivas que mostrem as vantagens de se cooperar, a maior razão está nas *recompensas*. A chave da cooperação está na alta taxa de benefícios em relação aos custos: os benefícios líquidos.

Não há dúvida de que a competição tem papel importante na mudança evolutiva, mas ela foi exagerada pelo que pode ser considerado uma inflação semântica.

Os biólogos geralmente consideram dois tipos de competição. A principal parece ser a "de interferência", caso em que dois animais disputam um recurso, ou uma parceira. Mas há muitos casos em que as relações entre organismos são mais indiretas e oblíquas. Por isso, também chamam de competição "exploradora" o caso de duas plantas adjacentes que buscam utilizar a mesma oferta limitada de nitrogênio do solo. Ou mesmo quando ocorre de uma presa ser perseguida por vários predadores. Nesses casos, os atores podem nem se dar conta do desafio.

Na verdade, é enganoso muito do que os modelos matemáticos da genética populacional e da ecologia consideram competição. Uma espécie pode surgir e prosperar por certo tempo e mais tarde ser extinta por razões que nada têm a ver com a existência de alguma espécie "competidora".

Outras vezes, várias espécies podem partilhar um nicho, evitando competição por especializações em vários recursos, mesmo que seus números relativos mudem conforme as alterações do habitat. Outras podem regular seu número de indivíduos e escapar à armadilha malthusiana.

Um animal pode ganhar na loteria, simplesmente gerando mais crias. E há espécies que prosperam por milhões de anos sem significativas mudanças. Ancestrais fósseis de atuais bactérias do fundo do mar chegam a ter algo como 2 bilhões de anos.

O básico, permanente e inescapável problema de cada organismo vivo é sobreviver e reproduzir, com resultado que é sempre contingente. A vida depende da habilidade do or-

Achados: Complexidade e evolução

129

ganismo em satisfazer um mínimo de necessidades básicas e ter sucesso reprodutivo.

Às vezes tal empreendimento de sobrevivência pode envolver competição, mas outras vezes uma espécie se beneficia da cooperação. Estas não são estratégias de sobrevivência mutuamente excludentes. Onde houver interdependência funcional há o empreendimento de sobrevivência que pode ser chamado de "coletivo".

Na verdade, cooperação é frequentemente uma maneira de se obter vantagem competitiva. Isso pode ser chamado de competição via cooperação. Por outro lado, cooperação pode permitir que uma espécie crie todo um novo nicho e evite competição direta, como ocorre nos inúmeros exemplos de simbiose.

Não é por outra razão que, hoje, muitos biólogos preferem definir a seleção natural em termos bem menos sanguinários do que no passado. Simplesmente como "sobrevivência e reprodução diferenciais".

Em contraste com o uso inflacionário do termo "competição", foi bem mais modesto o emprego de seu antônimo, "cooperação".

Até há pouco tempo, a cooperação era definida de forma bem restrita. Acreditava-se que ela não incluía o mutualismo (simbiose) entre membros de diferentes espécies, e que o mutualismo não tinha, de qualquer forma, muita importância.

Também eram excluídos grande parte dos comportamentos coletivos que envolviam sinergias de escala e "bens públicos" compartilhados por todos os participantes — comportamentos de aglomeração, como *"herding"*, *"flocking"*, *"mobbing"* e *"huddling"*.

Teóricos evolucionários frequentemente confinavam o termo "cooperação" para interações diretas e propositais entre dois ou mais membros de uma mesma espécie, em condições assumidas como assimétricas. Ou seja, cooperação deveria envolver custos "altruísticos" para o "doador" em troca de benefícios ao "recebedor".

Para piorar as coisas (em termos teóricos), a introdução da "teoria dos jogos" na biologia evolucionária, nos anos 1980, por John Maynard Smith, iluminou um sério obstáculo à cooperação: a presumível tendência do cooperador à enganação (*"cheat"*), ou ao caronismo (*"free-rider"*). Isto é, tendência a aproveitar oportunidades para explorar e prejudicar os demais cooperadores.

Esta espécie de fatalidade é bem conhecida como "dilema do prisioneiro". Depois de duas décadas de teorizações computadorizadas, por inúmeros biólogos — acompanhadas de pouquíssimas pesquisas empíricas —, foi o próprio John Maynard Smith, em parceria com Eörs Szathmáry, que, no clássico livro de 1995 sobre as grandes transições, *The Major Transitions in Evolution*, concluiu que o exagerado fascínio com o famoso "dilema" fez com que sua importância fosse superestimada.

A crítica de alguns matemáticos foi ainda mais severa. Concluíram que houve um tremendo atraso cognitivo causado pela obsessão com o "dilema do prisioneiro". Toda uma geração de *scholars* engoliu a pílula sem sequer saber que outros esquemas similares, como o da "caça ao veado" (*"stag hunt"*), poderiam ser bem mais adequados.

Por isso, acabaram por adotar uma abordagem minimalista. Acham que a cooperação existe sempre que dois ou mais indivíduos coordenam, de alguma forma, seus comportamentos. Por exemplo, quando um motorista respeita as regras de trânsito, ou quando um pedestre evita esbarrões ao andar pelas calçadas.

Achados: Complexidade e evolução

Caminhos

Peter Corning diz que prefere uma definição mais orientada pela funcionalidade. Para ele, existe cooperação quando dois ou mais elementos, genes, partes, indivíduos ou grupos interagem de tal forma que produzem efeitos combinados — as sinergias. A mera acomodação, ou evasão, não é suficiente.

Um tipo de aproximação para entender como cooperação — e sinergia — podem evoluir no mundo natural é de ordem "estrutural". Procura identificar os melhores contextos e padrões de interação entre participantes.

O biólogo matemático Martin A. Nowak (2006, 2011) identificou cinco "caminhos": seleção de parentesco, reciprocidade direta, reciprocidade indireta, reciprocidade de rede, e seleção de grupo. Só que outras categorias de relacionamentos cooperativos já teriam sido apontadas, segundo Corning, no clássico livro de Maynard Smith e Szathmáry.

Uma outra aproximação para o entendimento da evolução da cooperação requer uma diferente moldura, voltada para as consequências *funcionais*, ou os custos e benefícios para cada participante. Em outras palavras, sinergias e como são distribuídas.

Uma visão funcional (econômica) da cooperação está embutida no que Peter Corning chama de modelo "*corporate goods*". Diz que "*corporate goods*" são benefícios produzidos, em conjunto, por dois ou mais participantes. Diferentemente dos "bens públicos", sempre indivisíveis e igualmente partilhados, os "corporativos" podem ser divididos de diferentes maneiras entre os atores.

Por exemplo, a distribuição da carne de uma grande presa abatida por um grupo de caçadores, ou do resultado das vendas de uma grande organização, tipo Walmart. Para que uma relação de "bens corporativos" seja favoravelmente selecionada (Seleção Sinérgica) e "sustentável" (ou evolutivamente estável), é preciso que se verifiquem várias condições.

Primeiro, é preciso que haja um nítido "lucro" (os benefícios precisam ser maiores que os custos). Também precisam ser positivos (*"net of costs"*) os benefícios a cada participante (direto, indireto ou ambos). E a relação é apoiada/aplicada (*"supported/enforced"*) por uma ou mais dentre quatro condições: a) haja interdependência funcional, de forma a que a relação seja autoaplicável (*"self-enforcing"*); b) não haja melhor alternativa (isto é, mais favoráveis relações de custo-benefício) disponível para qualquer participante que deserte para outra relação (o Equilíbrio de Nash); c) os benefícios podem ser reduzidos ou retirados de qualquer desertor; d) existam outros tipos de punição/sanção para desertores (por exemplo: ostracismo, ou interdição de outros benefícios em arranjos cooperativos multifacetados etc.)

O modelo dos "benefícios corporativos" difere, de várias maneiras, do clássico paradigma da teoria dos jogos. Primeiro, permite que a matriz das recompensas seja manipulada para "incentivar" os *players* e talvez ajustá-las quando novas condições assim o exigirem. Segundo, envolve diversas medidas que garantam a efetiva entrega das recompensas. Terceiro, pode ser estruturado como um jogo em andamento, com reposição dos benefícios para garantir a continuidade do arranjo.

Não é, portanto, um substituto para a pletora de transações bilaterais e instantâneas da vida social, mas um modelo para um arranjo cooperativo de outro tipo. Ou seja, os modelos de teoria dos jogos negligenciaram algo que ocorre de forma ubíqua nas sociedades humanas, ressalta Corning. Sem deixar de acrescentar que bens corporativos também podem ser obtidos por coerção, como, por exemplo, em sistemas escravistas, ou quando um trabalhador dos dias de hoje não tem alternativa a uma onerosa tarefa de baixo salário.

Achados: Complexidade e evolução

Também é importante notar que alguns teóricos tendem a exagerar o lado dos custos de um arranjo cooperativo. Na realidade, a cooperação envolve aquilo que os economistas chamam de "custos de oportunidade" ou "custos marginais".

Evolução enquanto "combinação de trabalho"

A expressão "divisão do trabalho", com status quase divino na ciência econômica, também tem sido, crescentemente, incorporada pela biologia evolutiva. Afinal, desde 1893, em tratado com tal título, Émile Durkheim já havia afirmado que se trata de um "princípio" que se aplica a "todos os organismos biológicos".

Durkheim destacou a relação causal entre a especialização de um organismo e a extensão de seu desenvolvimento evolutivo. Acreditava que a divisão do trabalho seria contemporânea da própria origem da vida: uma lei natural.

Vários biólogos modernos se juntaram a tal coro. Uma espécie de prontidão a evoluir por divisão do trabalho multicelular chegou a ser erigida como "lei", por Robert N. Brandon e Daniel W. McShea (2010).

São bem conhecidas as muitas evidências da mesma tendência em sociedades de insetos. Elas são colônias de indivíduos auto-organizadas pela divisão do trabalho e unidas por estrito ("*closed*") sistema de comunicação. Ideia bem explicada por Edward O. Wilson em seu best-seller *The Social Conquest of Earth*, no qual ele enfatiza a exploração da divisão do trabalho como a grande vantagem das espécies de insetos eussociais.

Na contramão, Corning prefere a ideia de "combinação de trabalho". Seu argumento central é que se trata de ampla categoria de relações cooperativas, entre as quais muitas não envolvem a divisão de uma tarefa em várias partes (ou "*task partitioning*", como se diz). Especialmente em casos de mobilização coletiva, que também são efeitos sinérgicos produzidos de forma cooperativa.

Na divisão do trabalho, o mais importante não é a partilha de uma grande tarefa em pequenas subtarefas, mas sim o fato de muitos indivíduos coordenarem seus esforços para produzir um resultado combinado — um efeito sinérgico de alguma forma vantajoso — mais rápido, mais eficiente, menos custoso, ou simplesmente impossível de ser alcançado de outra forma.

Surge, então, a questão que Corning chama de "paradoxo da dependência". Afinal, cria interdependências dividir e compartilhar elementos de um mesmo trabalho. Um "sistema" pode criar algo como um aplicador integrado para a cooperação (*"a built-in enforcer for cooperation"*). O paradoxo decorre do fato de que, conforme aumenta o valor do sistema para os participantes, também aumenta o custo de abandoná-lo.

No mundo natural são tantas as diferentes categorias de cooperação e sinergia que é forçoso considerar ao menos estas dez: sinergia de escala; trabalho em equipe; complementariedades funcionais; efeitos de limite ou patamar (*"threshold"*); aumento ou facilitação; condicionamento ambiental conjunto; "simbiose animal-ferramenta"; partilha de risco e custo; partilha de informação e inteligência coletiva; e efeitos históricos convergentes.

As grandes transições na evolução

Recentemente começou a haver certa convergência entre muitas das ideias de Lamarck e de Darwin, precedida de inúmeros equívocos. É o que indicam as críticas à "Síntese Moderna" que dão base à proposta de "Síntese Expandida".

Na visão de Corning, tal "paradigma" precisaria ser ainda mais "ecumênico" e poderia ser chamado de "Síntese Inclusiva". Mas o tamanho do desafio exigiria síntese e integração de muitas diferentes áreas especializadas do conhecimento que estão em rápida expansão. Então, por enquanto, o melhor tratamento da evolução multinível dos sistemas biológicos pode estar na sequência de grandes transições na complexidade.

Em 1995, quando Maynard Smith e Szathmáry publicaram obra fundamental, com tal título, muitos biólogos perceberam o imenso impacto que certamente viria a ter. Pois ali havia sido enfrentado o fundamental desafio: tentar explicar a emergência da complexidade na evolução.

A questão foi bem resumida desta forma: como pequenas partes, já testadas na luta pela existência, se juntam em todos maiores, para tornarem-se novas unidades de seleção. No entanto, Maynard Smith e Szathmáry foram mais diretos: "a cooperação não evoluirá, a menos que compense" (*"unless it pays"*).

A sinergia fornece os incentivos econômicos necessários à cooperação e à complexidade, mas é óbvio que isto não é suficiente. A questão do "como" é tão importante quanto. Como foram superados os muitos obstáculos estruturais à cooperação? Maynard Smith e Szathmáry deram muita atenção a esta questão no clássico *The Major Transitions*.

De uma perspectiva ampla e funcional, o problema básico é de controle cibernético e isto é fundamentalmente um desafio de engenharia. Em seus dois livros, Maynard Smith e Szathmáry mostraram que novos tipos de informação tiveram papel-chave na emergência da complexidade, em todos os níveis. Dos códigos sequenciais do RNA e do DNA até os sinais químicos feromônios nos insetos sociais, a evolução da linguagem entre os humanos, e (hoje) o código digital binário da idade da internet.

O cibernético "controle da informação" lastreia (*undergirds*) tanto o processo de invenção/descoberta quanto o contínuo relacionamento cooperativo necessário à sustentação da complexidade.

Outro conjunto de problemas de controle cibernético envolve as muitas diferentes ameaças à integridade e à estabilidade de qualquer processo biológico, incluindo especialmente o potencial de erros ou enganos, desgastes e vários tipos de perigos ambientais.

Sistemas vivos fizeram evoluir um grande número de mecanismos para lidar com tais problemas de controle, desde as regulagens e capacidades de reparo ao nível molecular, até várias redundâncias fisiológicas, capacidades sensoriais/feedback, flexibilidades de desenvolvimento, e, sobretudo, oportunidades para a renovação e mudança associadas com a própria reprodução.

Finalmente, há questões de controle relacionadas com o problema da competição reprodutiva no mundo natural. Há um vasto e crescente volume de teorias e pesquisas sobre os muitos aspectos deste desafio, com literalmente centenas de modelos analíticos. As restrições e os facilitadores estruturais de vários tipos são abordados em categorias bem conhecidas, como "seleção de parentesco", "seleção de grupo" e "reciprocidade indireta", assim como no extenso trabalho sobre o papel do policiamento e das sanções em relacionamentos cooperativos.

Revisões

O *Journal of Theoretical Biology* publicou, em seu cinquentenário (2012), uns vinte artigos dedicados aos diversos aspectos da cooperação. Outra revisão crítica, intitulada "Rethinking Mutualism Stability: Cheaters and the Evolution of Sanctions", surgiu em 2013 na *Quarterly Review of Biology* (vol. 88, nº 4: 269-95).

Há muitos contextos em que todos os participantes dependem de tal modo dos benefícios (as sinergias), que trapacear ou pegar carona iriam minar tais benefícios e se tornar autodestrutivos.

John Maynard Smith e Eörs Szathmáry destacaram muitos dos mecanismos estruturais que evoluíram para lidar com os problemas de controle. Alguns de seus exemplos incluem: o papel vital do cromossomo (que, durante a reprodução, coloca todos os genes dentro do mesmo barco); seleção por meiose "honesta" e eliminação de deturpadores de segregação (trapaceiros) de genomas diploides; a transmissão, pelas gerações, de organelas simbióticas e outras maquinações (*"machinery"*) dentro da célula, exclusivamente via a linha materna, para evitar competição; os geralmente harmoniosos e cooperativos relacionamentos entre células eucarióticas e suas organelas simbióticas; a purga, por abelhas trabalhadoras, dos ovos das companheiras não rainhas; e a supressão, pelas formigas-cortadeiras, da reprodução entre fungos simbióticos, exceto quando estão colonizando um novo ninho.

Nas últimas duas décadas houve muitas adições e refinamentos à teoria das grandes transições. Mas também surgiram muitas críticas dos que reclamam das ambiguidades do termo "complexidade". Outros realçam que as grandes transições não têm as mesmas propriedades ou características estruturais, misturando laranjas com maçãs (como se ambas não fossem frutas de árvores). São coisas diferentes, sim, mas que têm muito em comum.

A mais importante propriedade de todas das grandes transições está no fato de que novos efeitos combinados (sinergias) estabelecem um novo nível de complexidade e um novo e interdependente "todo" que se torna alvo de seleção diferencial — isto é, Seleção Sinérgica. Surge nova combinação de trabalho que permite distinta e nova estratégia de sobrevivência e criação de novos nichos ecológicos.

Corning não deixa de registrar uma pequena diferença, ou divergência, com a visão de Maynard Smith e Szathmáry, sobre dualística definição de informação. O argumento é que um novo nível de especialização reprodutiva não precisa estar envolvido. Além disso, cada novo todo, por sua vez, se torna parte de outro ainda mais inclusivo. Transições dependem sempre das anteriores. Processo dirigido, a cada etapa, por novas sinergias.

O QUE É A VIDA?

A vida só existe quando adquire controle da informação — quando ganha capacidade cibernética de resposta a insumos vindos do ambiente (feedback) —, a habilidade de ajustar seu comportamento em resposta a mudanças internas e externas, de forma a alcançar ou sustentar resultado consistente.

Isso quer dizer que a vida existe quando há algum grau de agência e de adaptabilidade autônomas. Uma propriedade denominada "teleonomia" pelos biólogos evolucionários. Uma espécie de "intencionalidade interna" ("*evolved internal purposiveness*").

Mas são poucos os teóricos que percebem que se trata de um desafio estrutural e fundacional e uma propriedade distintiva dos sistemas vivos. Que transcende as leis da física e que teve importante papel causal na evolução. De qualquer forma, teleonomia é uma propriedade global do todo e não específica lista de partes — um efeito sinérgico.

Em outras palavras, a vida realmente emergiu somente com o início do que passou a ser entendido como "Mundo

RNA". O ácido ribonucleico e seu primo desoxirribonuclei-co (DNA) constituem uma das três espécies básicas de molé-culas biológicas (as outras são os lipídios e as proteínas). Sa-bemos, agora, que o RNA representa a personificação mais antiga da intencionalidade (teleonomia) dos sistemas vivos.

O RNA é o repositório do controle cibernético da infor-mação e um "executor" que pode utilizar tal informação pa-ra construir e manter sistemas vivos. Na verdade, antecedeu, de muito, a emergência do DNA.

Usualmente o RNA consiste em uma única vertente fei-ta de um ou mais nucleotídeos — que são, por sua vez, com-plexas moléculas compostas de uma grande mistura de ade-nina, citosina, guanina, uracila, um açúcar de ribose e fos-fato — e tem algumas propriedades sinérgicas, das mais ex-traordinárias.

O RNA pode estocar informação, como o DNA, embo-ra de forma menos eficiente. Pode servir de modelo (*"tem-plate"*) para reprodução, como o DNA, e, em troca, pode catalisar outros processos biológicos, da forma como fazem as enzimas proteicas.

Durante os grandes dias do "dogma central", pensava-se que o RNA era mero mensageiro, carregador de infor-mação a partir das supostamente importantíssimas molécu-las de DNA, para várias localizações em embriões e células. Hoje se sabe que o RNA é muito mais antigo, muito mais versátil, e que pode muito bem ter tido papel central nos pri-mórdios da evolução, assim como tem, hoje, nos organismos complexos.

O que continua muito incerto, contudo, é como surgiu o RNA (uma molécula muito complexa), o quão cedo apa-receu na evolução, e que papel teve como fonte de variação e seleção natural.

Sua instabilidade, comparada à do DNA, sugere que po-de ter sido um prolífico gerador de novidades orgânicas. Mais incerto ainda é onde e como a vida teve origem, e, igualmente importante, de onde veio a energia que abasteceu o processo (metabolismo).

Há muitas teorias sobre tais peças faltantes. A célebre jornalista da ciência Suzan Mazur fez ampla descrição de tais controvérsias no livro *The Origin of Life Circus*, publicado em 2014. Confirmando que ninguém pode dizer, até aqui, qual é a origem da vida.

A ascensão dos procariotas (as bactérias e suas primas, chamadas *archea*) foi inicialmente vista somente como origem de terríveis doenças. Hoje se sabe que não é bem assim. Elas também são do bem e precisam ser enaltecidas por incríveis conquistas.

Mutualistas perdulárias, ou devassas (*"profligate"*), é a expressão usada por Corning para se referir ao papel vital das bactérias na sustentação de muitas outras espécies. Como já foi dito, praticamente todos os ruminantes, 2 mil térmitas, 10 mil besouros e duzentas espécies de *artiodactyla* (veados, camelos, antílopes etc.) dependem de bactérias simbióticas (e/ou fungos e protoctistas) para a quebra das fibras celulósicas e para convertê-las em úteis nutrientes.

Inúmeras plantas dependem de rizóbios para fixar o nitrogênio em suas raízes. Mais de 25 mil diferentes parcerias de liquens dependem das cianobactérias para fotossíntese e produção de energia. Até os humanos se beneficiam de um milhar, ou mais, de variedades de bactérias, que habitam, em geral, seus sistemas digestivos.

Todavia, a maior importância das bactérias e suas primas *archea* está no fato de que inventaram o funcionamento básico (*"basic machinery"*) da vida, tal como a conhecemos.

Os procariotas também foram pioneiros na exploração de sinergias que podem ser alcançadas por cooperação social. A vasta maioria das bactérias vive em colônias chamadas de biofilmes, ou esteiras microbianas, nas quais pode haver divisão/combinação de trabalho para tudo, da produção alimentar até a reprodução. Um exemplo importante é o dos "estromatólitos".

Bactérias também utilizam várias estratégias cooperativas (sinérgicas) para adquirir nutrientes, inclusive caçando em hordas (*"packs"*).

A emergência dos eucariotas — organismos unicelulares complexos com seus genes contidos em um núcleo, com uma série de organelas especializadas — é, indiscutivelmente, uma das mais importantes transições da evolução, seja qual for a definição do termo. Uma sinergia de escala: as mitocôndrias, alimentadas por ácido pirúvico (e oxigênio). Outra vez, o paradoxo da dependência.

SIMBIOGÊNESE

Desde 1905 surgiu, na Rússia, a ideia de que cloroplastos descendiam de bactérias livres e que tal benéfica simbiose explicaria sua aparição em eucariotas. O desenvolvimento desta hipótese foi inicialmente apresentado como uma alternativa à teoria darwiniana. Rejeitada, permaneceu bem desconhecida no Ocidente.

No entanto, um pouco mais tarde, também na Rússia, reconheceu-se que a simbiogênese poderia ser compatível com Darwin. Infelizmente, foi um trabalho também ignorado por muito tempo, já que publicado apenas em russo e no auge do stalinismo.

Simultaneamente, a ideia de simbiogênese também havia sido proposta pelo biólogo norte-americano Ivan Wallin, autor de *Symbionticism and the Origin of Species* (1927). Disse ele que as bactérias, tidas como organismos sistematicamente associados a doenças, poderiam representar fundamental fator causal da origem das espécies.

Entre outras coisas, Wallin lançou a dúbia proposição de que mitocôndrias em eucariotas poderiam crescer independentemente de suas células hospedeiras. Veementemente atacado por seus pares, ele retirou a ideia, fazendo com que o assunto caísse no esquecimento.

Assim, foi somente nos anos 1970 que a ideia de simbiogênese voltou a ganhar força, graças às pesquisas de Lynn Margulis (1970, 1981), inicialmente também ridicularizada.

O que ainda parece ser objeto de controvérsia é a proposição de Margulis segundo a qual também centríolos e cinetossomos seriam originários de simbiogênese. Talvez entre os ancestrais dos espiroquetas modernos. Um outro debate é sobre a tese de Margulis de que o próprio núcleo pode ser produto de simbiogênese.

Não há explicação definitiva sobre como, e por que, surgiram estas fusões simbióticas/sinérgicas. Muitos teóricos são a favor de um modelo predador e "infeccioso". No caso das mitocôndrias, ancestrais bactérias roxas podem ter sido invasoras que predaram seus futuros hóspedes protistas, tendo, só mais tarde, descoberto os benefícios do mutualismo. Outras teorias, que vão mais para o lado da fagocitose, foram revistas por Szathmáry (2015).

Uma terceira escola — que sempre incluiu Lynn Margulis — propõe que teria havido um "encontro fatídico" entre bactérias/*archea*, desde o início simbiôntico. Com um cenário bem intrigante, chamado de "Hipótese Hidrogênica", apoiado em muitos dados genéticos e bioquímicos.

Seja qual for o caminho que levou aos eucariotas, parece bem claro que ele foi escorado por sinergia e Seleção Sinérgica.

Também os organismos multicelulares representam, de fato, uma combinação de trabalho (sinérgica) cooperativa. Na verdade, o fenômeno multicelular pode ter emergido, de forma independente, no mínimo nove vezes no curso da evolução. Mesmo que só algumas destas iniciativas tenham persistido e gerado maior complexidade.

Tais transições envolveram dois distintos caminhos, caracterizados de "fraternal" e "igualitário". No primeiro caso, todos os participantes são bem próximos, o que facilita a emergência de reprodutiva divisão do trabalho, assim como desenvolvimento de diferentes "partes" funcionais.

Já no caso "igualitário", o caminho é mais "democrático", no sentido de que os participantes não são geneticamente relacionados, mas mantêm liberdade para reproduzir independentemente, enquanto desempenham funções complementares para nova parceira.

Transições *versus* invenções

A definição original das grandes transições, conforme Maynard Smith e Szathmáry, era dualística, pois dava igual importância a desenvolvimentos funcionais e inovações-chave no armazenamento e utilização da informação.

Corning prefere ver tais mudanças informacionais como "grandes invenções" — tecnologias que facilitam, mas não produzem, por si próprias, uma grande transição no estrito sentido de mudança movida-a-sinergia no nível, ou unidade de seleção. O controle cibernético da informação é um elemento funcional necessário em qualquer transição, pequena ou grande.

Para ilustrar o problema, Eva Jablonka e Marion Lamb (2006) propuseram a tese de que o desenvolvimento do sistema nervoso deveria ser adicionado à lista das grandes transições na evolução. Argumentam que a evolução do sistema nervoso não apenas mudou o modo de transmissão da informação entre células e alterou profundamente a natureza dos indivíduos que o tinham, como também levou a um novo tipo de hereditariedade — social e cultural — baseada na transmissão de informação adquirida por comportamento.

Corning acha que tal fenômeno não foi outra grande transição, mas, sim, uma grande invenção. Principalmente porque o aprendizado não está confinado a organismos com cérebros e sistemas nervosos. Hoje se sabe que até bactérias *E. coli* podem aprender a antecipar eventos futuros.

Por isso, Corning também tem uma leve discordância com Maynard Smith e Szathmáry (e outros), por terem justificado a inclusão da evolução humana na lista das grandes transições, em parte por causa de nosso sistema verbal de comunicações e suas imensas repercussões no empoderamento de nossa espécie.

Sim, a evolução humana foi uma grande transição, mas por outra razão. Para Corning, nossos ancestrais criaram uma nova e única unidade de seleção: relacionamentos sociais cooperativos em larga escala. Assim como combinações multiníveis de trabalho extraparentesco.

OUTRO ILUSTRE DESCONHECIDO

Às vésperas da ocupação de Paris pelos nazistas, parte de seus tesouros artísticos pôde ser de lá extraída e espalhada, graças a uma ação de salvamento organizada por Jacques Jaujard, que já havia participado do mesmo tipo de ação no Museu do Prado, durante a Guerra Civil Espanhola.

Documentário sobre tal feito, produzido na França em 2014, teve por subtítulo "Ilustre e Desconhecido", fazendo com que o título do filme, em Portugal, evocasse a estranha expressão "Ilustre Desconhecido". Bom oximoro para referência a pessoas como Peter Corning, cuja contribuição teórica sobre complexidade e evolução permanece surpreendentemente ignorada, até por especialistas nos dois temas.

Achados: Complexidade e evolução

Mutatis mutandis, o mesmo se aplica a Patrick Tort, criador e presidente do Institut Charles Darwin International.

Durante dez anos, ele coordenou o trabalho dos 150 pesquisadores que contribuíram à elaboração do *Dictionnaire du darwinisme et de l'évolution*, síntese enciclopédica, em três volumes, voltada a "combater os permanentes desvios do pensamento de Darwin: <https://www.charlesdarwin.fr/dico_pres.html>.

Não bastasse, é ele quem, desde 1983, tenta chamar a atenção para a profunda unidade contraditória existente entre as duas principais obras de Darwin: *The Origin of Species* (1859) e *The Descent of Man* (1871). Esta segunda — cujo título foi mal traduzido em línguas latinas por *A origem do homem* — só em 2013 teve condigna edição: <https://www.charlesdarwin.fr/pdf/filiation.pdf>.

Bastam estas três informações para se duvidar que tão ilustre perito em Darwin possa ser considerado um ilustre desconhecido. Porém, ele talvez só escape desta crisma entre bem informados que dominam o idioma francês. Na literatura científica, inteiramente dominada pela língua inglesa, Tort permanece, sim, um completo alienígena.

A explicação mais óbvia é que ele jamais se esforçou para publicar em inglês. Mas esta é só uma parte do fenômeno, pois são muitos os pensadores franceses que viraram moda no Reino Unido, nos Estados Unidos e na Austrália, embora só tenham escrito em sua própria língua. Há até quem atribua responsabilidade pelo atual *"wokism"* ao fenômeno intitulado *"French Theory"*, isto é, à velha moda de se endeusar Foucault, Deleuze, Derrida...

No entanto, o que frequentemente acontece no âmbito filosófico pode ser proibitivo no científico. Pesquisadores com obras em francês só chegariam a ter grande influência internacional se vencedores do Prêmio Nobel. E dificilmente haverá um prêmio destes disponível para quem dedicou a vida acadêmica ao restabelecimento da verdade sobre o pensamento de Darwin.

Exemplo chocante de tamanho anátema está na já referida coletânea sobre a segunda grande obra de Darwin, organizada, nos seus 150 anos, pelo paleantropólogo Jeremy DeSilva, com introdução da notável historiadora das ciências Janet Browne: não há a mínima referência à questão central da teoria darwiniana, que está, justamente, na difícil relação dessa antropologia com a conjectura sobre a seleção natural, exposta mais de onze anos antes. Por incrível que pareça, o que escapa a tantos estudiosos de Darwin é justamente o problema da relação entre sua biologia evolutiva e sua teoria da civilização.

Merece leitura atenta uma passagem do início do prefácio de Patrick Tort à nova edição francesa da segunda grande obra de Charles Darwin, com o corrigido título *La Filiation de l'homme*:

"A história da superação de tal mal-entendido, iniciada em 1983 pela demonstração do caráter verdadeiramente inesperado da antropologia e da ética darwiniana, abriu horizontes teóricos até então insuspeitos à reeducação conjunta das ciências da vida e das ciências humanas, religando, de nova forma, biologia evolutiva e teoria do surgimento da civilização, evoluções dos organismos e desenvolvimento da moralidade, materialismo científico e fundamentos sócio-ético-racionais da emancipação humana" (*"L'histoire de la levée de cette méconaissance, initiée en 1983 par la démonstration du caractère proprement inattendu de l'anthropologie et de l'éthique darwiniennes, a ouvert des horizons théoriques jusqu'alors insoupçonés à la réinstruction conjointe des sciences du vivant et des sciences de l'homme, réarticulant d'une manière inédite biologie évolutive et théorie de l'émergence de la civilisaton, évolutions des organismes et développement de la morale, materialisme scientifique et fon-*

dements socio-éthico-rationnels de l'émancipations humaine") (Tort, 2013: 19).

Desvios

O "mal-entendido" foi provocado por apressadas e mecânicas exportações do princípio da seleção natural ao âmbito da espécie humana. Principalmente pelo influente "evolucionismo filosófico" do engenheiro Herbert Spencer (1820-1903), que não tardou a dificultar o entendimento do transformismo científico proposto por Darwin em 1859.

A divulgação internacional do "sistema" spenceriano começa, já em 1860, nos Estados Unidos, desdobrando-se, desde os anos 1870, na forte difusão do chamado "darwinismo social", que não poderia ser mais adequado à afirmação política do integrismo liberal militante. Medidas de proteção aos desvalidos seriam ilusórias tentativas de resistência à lei da seleção natural.

Mas o "mal-entendido" também foi bem reforçado por uma dedução — oposta à de Herbert Spencer — feita por Francis Galton (1822-1911), grande estatístico e primo de Darwin. Como o processo civilizador tenderia a entravar a seleção natural, nada melhor do que ajudá-la, liquidando os menos aptos.

A partir de 1883, chamou de "eugenia" (significando "bem-nascido") o estudo dos fatores que poderiam, física ou mentalmente, melhorar ou piorar as qualidades "raciais" das futuras gerações. Seus principais discípulos foram os nazistas, mas a prática também foi adotada por governos bem menos odiosos ao longo da primeira metade do século XX.

Então, as ideias de Darwin só poderiam, mesmo, ter uma péssima reputação. Principalmente porque foram bem menos influentes os que deram, por mais de um século, real atenção à "antítese" darwiniana, que só havia sido publicada em 1871. Em vez da antropologia de Darwin prevaleceu um verdadeiro pandemônio teórico, em que o evolucionismo spenceriano, com pitadas de racismo eugênico, foi tido como a essência do "darwinismo".

Outra vez, por incrível que pareça, tanto infortúnio só começou a ser efetivamente contestado por Patrick Tort. Desde 1983, com a publicação de *La Pensée hiérarchique et l'évolution*, esboço de uma reflexão que surgiu bem mais consolidada em 2008 na obra *L'Effet Darwin: sélection naturelle et naissance de la civilisation*. Sendo burilada principalmente em publicações de 2016, 2017, 2018, 2019 e 2021.

Darwin frisou, em sua segunda grande obra, que a seleção natural não se limita a selecionar variações orgânicas vantajosas. Também seleciona instintos, individuais e coletivos. A primeira tendeu a diminuir à medida que o homem, socializado e assim desenvolvendo uma ampla gama de capacidades racionais, organizacionais e técnicas, avançou para um processo que poupa cada vez mais indivíduos de travar a luta pela existência apenas por meio de suas forças.

A inteligência emerge gradualmente do instinto, seguindo o modelo da divergência evolutiva e, no novo ambiente formado pela sociedade humana, prevalece sobre ele. É verdade que, na origem, não há raízes separadas para inteligência e instinto. Darwin enfatiza até que ponto certos animais dotados de fortes capacidades instintivas — como os castores — também estão entre os mais inteligentes.

A passagem da barbárie à civilização pode, portanto, ser assim resumida: entre os humanos, a evolução eliminatória foi gradualmente substituída por proteção. Não se trata de uma hipótese, mas de uma observação sobre a história das nações ditas "civilizadas". Entre povos ditos "selvagens", a seleção natural ainda poderia proceder cegamente para a eliminação dos menos capazes.

Achados: Complexidade e evolução

O mais importante, nisto tudo, é a necessidade de distinguir as duas revoluções científicas promovidas pelo pensamento darwiniano.

Primeira revolução

A primeira revolução científica foi a emergência lógica do princípio seletivo.

É inseparável de sua gênese a estrutura lógica da teoria darwiniana sobre a transformação das espécies por seleção natural, tal como surge no final de 1859 em *A origem das espécies*. De forma sucessiva e complementar, ela mobiliza o modelo da atividade seletiva de criadores e horticultores (seleção artificial), assim como a ideia de Malthus sobre o antagonismo entre pressões populacionais e recursos.

Estas foram as bases da teoria da descendência modificada por meio da seleção natural, poderosa ruptura com a teologia natural providencialista.

A ordem de leitura do diagrama a seguir é indicada pelos números que aparecem no canto superior esquerdo de cada bloco. Este diagrama tem uma entrada dupla: à esquerda, a sequência 1-2-3-4 (primeira entrada); à direita, a sequência 5-6-7-8 (segunda entrada). O bloco 9 resulta de observação, atestada por relatos de navegação, que confirma a pertinência da dedução 4.

Primeira entrada
1. Todos os organismos naturais, observados na natureza ou domesticados, apresentam variações espontâneas (fato 1). Mas o que se infere de um fato é, antes de tudo, sua possibilidade.
2. Da variação universal dos organismos vivos é, portanto, induzida a sua variabilidade natural (indução 1).

Primeira revolução: a emergência lógica do princípio seletivo
(Tort, 2021a: 8)

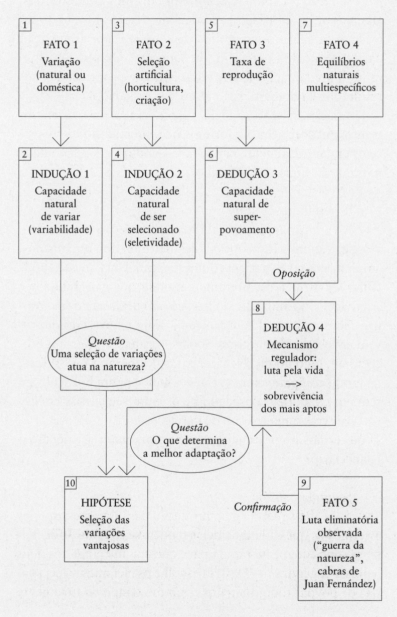

3. Desde tempos muito antigos, as populações humanas praticam a agricultura e a criação de animais, selecionando para sua própria vantagem, entre organismos domesticados, algumas de suas variações, e orientando a reprodução desses mesmos organismos no sentido da conservação e acentuação daqueles que lhes pareciam "vantajosos". Ou seja, "melhorando" a adaptação das características e propriedades dos resultados da domesticação às suas necessidades (fato 2).

4. Desta seleção artificial — observada em seus efeitos transformadores em organismos que, no entanto, permanecem fundamentalmente naturais — é induzida a seletividade natural dos organismos (indução 2).

Resumindo até aqui:

A variação leva à variabilidade. A seleção leva à seletividade. Ambas são propriedades naturais dos organismos, amplamente reveladas pela domesticação. Uma questão pode então ser articulada diretamente: dado que variabilidade e seletividade no ambiente doméstico não deixaram de ser propriedades naturais dos organismos naturais, os seres que vivem em estado de natureza podem ser afetados por um processo análogo ao da seleção artificial, operando, portanto, de modo comparável na variação, mas sem um horticultor e sem um criador para predefinir e orientar seu curso? Em outras palavras, uma seleção de variações atua na natureza? E, se quisermos levar a analogia até o fim: quem seria então o beneficiário?

Segunda entrada

5. Avalia-se a taxa de reprodução das diferentes espécies e verifica-se que cada uma delas tende a se reproduzir de maneira suficientemente rápida para que um único par dos mais lentos a engendrar — Darwin escolhe os elefantes — seja capaz de povoar todo o território em um tempo relativamente

curto com apenas seus descendentes (princípio da progressão geométrica de Malthus) (fato 3).

6. Deduz-se que qualquer território habitável por determinada espécie tenderia rapidamente a ser superpovoado pelos descendentes de um único par desta espécie, se se reproduzissem livremente e sem obstáculos (dedução 3).

7. No entanto, nunca foi observado na natureza que uma única espécie viva conseguiu, com exclusão de qualquer outra, produzir esse efeito de saturação territorial dedutível das várias taxas de crescimento populacional. Ao contrário, o que se observa em todos os lugares é uma relativa estabilidade de números específicos. Situações de coexistência entre múltiplas espécies que "compartilham" um território comum segundo interações que produzem equilíbrios dinâmicos (fato 4).

8. Note-se a oposição entre os pontos 6 e 7 (isto é, entre a dedução 3 e o fato 4). Dela deduz-se o funcionamento necessário de um esquema regulador que procede à eliminação de indivíduos no interior de cada grupo específico. Este esquema (que evoca a velha "guerra da natureza") é o que Darwin chama de "luta pela existência" ou "luta pela vida" (dedução 4), e resulta necessariamente na preservação (ou seleção natural) dos indivíduos mais adaptados (também conhecido como "sobrevivência do mais apto", expressão proposta por Spencer).

9. Observou-se em certos contextos naturais a ilustração em ação da luta pela existência e a sobrevivência do mais apto. O navegador espanhol Juan Fernández (1536-1604) depositou um pequeno número de cabras em uma ilha ("Más a Tierra", futura "Isla Robinson Crusoé") do arquipélago chileno ao qual ele deixaria seu nome. Alguns anos depois, as cabras multiplicaram-se a ponto de se tornarem boa reserva de carne fresca para os corsários ingleses. Vendo isto, os espanhóis, para prejudicar os ingleses, desembarcaram na

Achados: Complexidade e evolução

ilha uma matilha de cães que, graças à farta alimentação fornecida pelas cabras, multiplicou-se sucessivamente até que as duas populações atingissem um equilíbrio estável, que era periodicamente quebrado, em detrimento das cabras, pelas incursões dos corsários britânicos. Esta dupla predação levou a uma extrema escassez de cabras, das quais, segundo Joseph Townsend (a fonte de Malthus), apenas as mais inteligentes sobreviveram. Ou seja, as mais capazes de escapar do ataque dos cães e da caça humana. Os cães também viram seu número reduzido, apenas conseguindo sobreviver, ainda segundo Townsend, aqueles entre eles que, pelo seu vigor, eram os mais aptos a perseguir suas presas, mesmo nos refúgios mais íngremes.

Resumindo:
A tendência intrínseca de cada população específica de povoar, graças à sua capacidade reprodutiva, qualquer território, se opõe ao fato observado da coexistência em qualquer lugar de várias espécies vivas que se interlimitam graças a um mecanismo interativo de regulação. Uma luta geral pela existência, na qual só sobrevivem os indivíduos mais aptos de cada espécie, sendo os demais eliminados.

10. Ao final desta segunda série de inferências dedutivas, a última questão diz respeito ao que determina a melhor adaptação. É neste ponto que se juntam as sequências geradas pelas duas entradas do diagrama. Para responder às duas questões simultaneamente, deve-se voltar à variabilidade e ao modelo analógico da seleção artificial. Esta é a hipótese de uma seleção natural separando as variações benéficas e melhorando a sua adaptação. Não a qualquer criador, mas aos próprios organismos.

Os passos teóricos que dependem da primeira entrada do diagrama (parte esquerda, sequência 1-2-3-4) conduzem rapidamente, graças ao modelo factual de seleção artificial, e mediante a questão que diz respeito à possível existência de uma seleção de variações na natureza, à hipótese de seleção natural de variações vantajosas.

Neste momento, é de fato (e é apenas) uma hipótese indutiva deixada em suspenso, como se aguardasse comprovação. É, de certa forma, o curto-circuito da intuição causal despertada pela analogia. Só passando para a segunda metade do regime (parte direita, sequência 5-6-7-8) é que o recurso a uma segunda categoria de fatos envolve um raciocínio dedutivo, cujo pivô lógico é a observação de uma oposição entre (6) e (7), ou seja, entre a tendência a proliferação infinita de cada espécie e o fato da existência universal de equilíbrios naturais multiespecíficos, com números relativamente estáveis para cada população.

Esta componente do esquema é, ao mesmo tempo, demográfica (6) e biogeográfica (7). E é ela que introduz no raciocínio o princípio malthusiano da (sobre)população, cuja consequência (8) é a necessidade de um mecanismo regulador de caráter eliminatório, resultante de uma luta pela existência, incluindo uma competição vital.

Dada a coexistência de várias espécies concorrentes num mesmo território, limitado pela sua dimensão e pelos seus recursos, é necessário, para permitir a composição multiespécies, que seja imposta limitação à tendência de cada espécie à proliferação indefinida. E que, em cada geração, de cada espécie, uma grande proporção de indivíduos seja eliminada.

Desnecessário dizer que em situação de luta pela existência (dentro de um determinado ambiente, incluindo determinados concorrentes), os organismos que prevalecerão serão aqueles que se beneficiarão da melhor adaptação às condições da luta.

Achados: Complexidade e evolução

A questão gerada por esta sequência será, portanto, aquela que diz respeito aos determinantes desta melhor adaptação. Ora, há apenas um fator que pode dar origem à manifestação de uma superioridade na luta: é a variação, e é neste ponto que as duas grandes sequências de raciocínio se unem na formulação de uma única hipótese. Convergência válida como confirmação da hipótese "vacilante", formulada imediatamente ao final da primeira sequência: a da seleção natural e a transmissão de variações vantajosas, trabalhando para a transformação progressiva dos organismos (10).

MARX

A primeira revolução darwiniana — contida em *A origem das espécies* — tornou cientificamente inteligível toda a história natural transformista, ao iluminar a necessidade lógica de um mecanismo seletivo realmente operando em uma natureza exposta ao conflito entre os limites materiais dos ambientes (por dimensões e recursos) e as capacidades reprodutivas dos seres vivos.

Contra o dogma providencialista da perfeição das adaptações que, através da teologia natural, reinara durante séculos sobre a filosofia e sobre a história natural criacionista e fixista da Europa cristã, Darwin invalidou — como Engels e Marx perfeitamente reconheceram — qualquer visão teleológica da natureza viva, demonstrando que, nela, a reparação permanente dos equilíbrios adaptativos temporários é a prova direta de sua imperfeição fundamental, pois se todas as adaptações que o compõem fossem perfeitas e, portanto, definitivas, simplesmente não haveria evolução.

A erradicação de uma espécie nativa pela introdução humana de uma espécie importada, como ratos transportados por navios, é, entre muitos outros exemplos, uma das negações mais irrefutáveis de Darwin à ideia de que a adaptação dos organismos pode ser fruto da sabedoria providencial do Criador. Com a seleção natural, a ciência se libertou mais do que nunca da teologia.

Porém, aproveitando o "silêncio antropológico" de Darwin entre 1860 e 1871, e decretando que *A origem das espécies* continha a verdade definitiva do devir universal, aqueles que queriam fazer do princípio seletivo a chave doutrinária das ciências humanas introduziram um erro sem precedentes na história da interpretação das teorias científicas.

Um erro que o verdadeiro conhecimento da antropologia darwiniana condena, mas que o poder dissimulador do liberalismo vitoriano impulsionou como uma lei implacável da natureza nos dramas mais devastadores do século XX.

Segunda revolução

Ao transformarem um ambiente primitivamente hostil à sua sobrevivência, os humanos libertaram-se, em grande parte, da seleção natural, mediante o que entendemos por civilização, ou processo civilizador. Mais profundamente, a seleção de instintos sociais propícios ao crescimento das capacidades racionais favorece a organização comunitária, a cooperação, a generalização de comportamentos solidários, a intensificação dos sentimentos afetivos, bem como a extensão progressiva do sentimento de simpatia, de moralidade, dos direitos, da proteção dos fracos e do reconhecimento do outro como semelhante.

O cerne da segunda grande obra de Darwin, só publicada em 1871, é justamente tal passagem à civilização. Por meio dos instintos sociais, a seleção natural seleciona a civilização, que se opõe à seleção natural.

É este "efeito reverso da evolução" — ao qual Tort pedagogicamente associou a já ilustrada metáfora topológica da fita de Möbius (ver página 43) — que ajuda a entender a segunda revolução, operada pelo Darwin antropólogo, como uma reversão sem ruptura, permitindo enfim uma visão não reducionista da relação entre as ciências naturais e as ciências sociais.

Porém, deu-se o contrário. Os chamados "darwinistas" reagiram como se já conhecessem o conteúdo. Pior, como se a segunda grande obra de Darwin fosse uma espécie de "anexo" à primeira.

Seus epígonos já haviam pretendido antecipar o que ele iria dizer, seguindo dois caminhos: o futuro "darwinismo social" hiperliberal (anti-intervencionista) de Spencer, do lado da seleção natural; e a futura "eugenia" de Galton (intervencionista), pelo lado da seleção artificial.

A oposição entre estas duas doutrinas pode ser apresentada em esquematização didática, mas também exata. Tendo aprendido com Darwin que a seleção natural eliminatória melhora constantemente a adaptação dos organismos e seus grupos ao seu ambiente quando nada o impede, Spencer deduziu que o homem, sendo um organismo (assim como suas sociedades), deveria, para buscar seu aperfeiçoamento, permanecer inteiramente sujeito à regra seletiva, isto é, à implacável lei natural da eliminação dos menos capazes.

Por seu lado, Francis Galton partiu da constatação de que, por causa dos avanços protetores da civilização, a seleção natural, agora dificultada, não desempenharia mais o papel aperfeiçoador próprio à esfera natural. Ao contrário, favoreceria a reprodução de existências frágeis, e, consequentemente, a degeneração física e mental de grupos humanos "civilizados".

Daí o apelo à aplicação coercitiva de corretivos visando restaurar sua qualidade perdida — como uma seleção artificial planejada na escala de toda a sociedade e inscrita na lei.

Ou seja, desta vez, uma forma intervencionista e autoritária de eliminação dos menos aptos análoga à praticada por um zootécnico preocupado com o melhoramento de uma raça doméstica.

A força destes dois esquemas, profundamente enraizados na dinâmica autojustificativa e triunfalista da Inglaterra vitoriana, perdurou por ao menos 112 anos, pois só começou a ser reduzida em 1983, ano da publicação do livro *La Pensée hiérarchique et l'évolution*, de Patrick Tort.

O pensamento antropológico mais trivial sempre entendeu a relação entre "natureza" e "cultura" como uma sucessão de dois universos distinguidos por um operador de ruptura. De acordo com tal representação, estreitamente delimitadora, tal operador pode ser, segundo o autor, a invenção do fogo, a posse da linguagem, a proibição do incesto, o registro externo da memória em suportes permanentes, a existência de rituais funerários ou a fabricação de ferramentas.

Continuidade

Em todos os casos, a "cultura" sucede à "natureza" no modo de uma mudança qualitativa, possuindo o caráter irruptivo de um evento singular que introduz a novidade. É também assim que a mesma forma de pensar representa a história como o que segue a evolução, numa relação de exterioridade mútua ou de articulação de duas realidades heterogêneas.

Porém, tal representação não existe em Charles Darwin. Na antropologia darwiniana, o continuísmo não é simples, mas reverso. O movimento natureza > cultura não produz uma ruptura. Impõe a evidência perceptível de um "efeito de ruptura".

O interesse da fita de Möbius, para representar tal re-

Achados: Complexidade e evolução

versão, ou tal efeito de ruptura, está em indicar a cultura como o reverso da natureza, e vice-versa. Mas, também, que subsiste em todos os pontos o anterior: a natureza como antecedente e oposto da cultura. O que separa a civilização da natureza é apenas a espessura de uma folha de papel.

Patrick Tort admite — mas só "de passagem" — que tal configuração é, sem dúvida, eminentemente caracterizável como "dialética". Mas insiste que tal "concessão" ao vocabulário e às representações filosóficas não tem mais valor do que se deve conceder a uma alusão ou observação destinada a tornar-se rapidamente problemática, se for considerado que o conceito moderno de "dialética" comumente incorpora a noção enganosamente intuitiva de "salto" ou "salto qualitativo". Para Darwin — que deu um novo e rigoroso conteúdo transformista à velha fórmula descritiva da escala fixa dos seres —, a natureza, de fato, "não dá saltos".

A continuidade tátil da fita de Möbius simboliza o desenvolvimento real da civilização a partir da natureza e a ruptura impossível com esta. Ao mesmo tempo, acena para um materialismo naturalista monista, pois nada além de uma natureza em evolução nela intervém para criar a civilização.

FUTURO

É neste sentido fundamental que a Ecologia — como uma ciência dos meandros, interações e compatibilidades — é constitutiva do pensamento darwiniano e inclui todos os componentes e tendências evolutivas das sociedades humanas, reagindo às pressões do clima, do meio ambiente e da história.

A interferência permanente, ou a relação de habitação mútua, entre "natureza" e "cultura" é — no texto darwiniano e no que nele se inspira — o cadinho da compreensão dos complexos processos socioevolutivos que hoje devem constituir o programa de uma ecologia científica.

Especialmente em seu necessário confronto com a questão dos limites e equilíbrios entre os componentes humanos do desenvolvimento da natureza e o que tal "natureza" (no sentido de um ambiente global continuamente modificado) não pode deixar de impor como sendo, em sua "metabolização" (noção marxista, como é mais conhecida hoje) de modificar artefatos, suas condições últimas de compatibilidade e suas próprias "normas de reação".

É esta compreensão dos limites que ainda não conseguiu alcançar, apesar dos incessantes alertas, uma ecologia científica que integre verdadeiramente os parâmetros transformadores da atividade econômica e a análise de suas consequências naturais e sociais de longo prazo.

O grande movimento da civilização segundo Darwin, o único verdadeiro fundador da racionalidade ecológica, precisa hoje de Marx para que a fita de Möbius não deixe de ser um símbolo do infinito.

O problema é que Marx e Engels, a partir de 1862, apesar de terem mantido uma simpatia materialista por Darwin, procuraram caracterizar como "ideológico" o conceito central de seleção natural.

Tal preconceito levou muitos marxistas a atribuir a Darwin a responsabilidade pelo aparecimento de um "darwinismo social" burguês. As consequências podem ser medidas pelo não reconhecimento, na antropologia do naturalista, de uma verdadeira dialética da natureza que os dois revolucionários alemães não teriam repudiado, caso a tivessem estudado e entendido. Sobre a relação tão delicada entre Darwin e Marx, vale a pena dar atenção à contribuição de Lilian Truchon, na já referida edição 407 da revista *La Pensée*.

Como a fundamental contribuição de Marx está do lado da história social, e não da articulação do "natural" e do "social" (o que se deve a Darwin), não há necessariamente "confronto" entre Marx e Darwin, como dizem muitos. O que existe é diferença entre dois pontos de vista sobre a história, um ligado à longa dinâmica dos eventos evolutivos, o outro à dinâmica bem mais breve dos eventos históricos.

No que diz respeito ao futuro da humanidade, ambos têm em comum o objetivo universalista de um movimento de luta que tende a produzir sua própria abolição. Darwin, quando dá conta de uma tendência evolutiva por ele denominada "civilização", que se caracteriza pela redução tendencial da luta biológica em favor de uma ética antisseletiva e de instituições destinadas a neutralizar suas últimas consequências eliminatórias (ou seja, pela "eliminação tendencial da eliminação"). Marx, quando identifica os elementos objetivos do comunismo como "movimento real" que abole o atual estado social na busca de uma "sociedade sem classes", ou seja, sem luta.

Ao contrário do que pensaram os teóricos da Escola de Frankfurt (especialmente Horkheimer e Adorno), o problema não é o excesso do uso da razão nas relações humanas entre si e com a natureza. O sistema de maximização do lucro no curto prazo mostra o quanto estão ausentes a inteligência racional global e a previsão, em benefício de uma racionalidade setorial míope que é "hipertélica". Isto é, a situação em que algo excede as finalidades para as quais foi concebido.

O que importa, portanto, é combater inequivocamente a violência regressiva de um sistema que impõe aos atores da produção uma competição desenfreada na exploração impensada e irracional de setores vitais da natureza. É disto que os humanos, associando-se segundo "um plano deliberado", deveriam, hoje, não menos deliberadamente, libertar-se.

Epílogo
IMPASSES E DESAFIO

Não se sabe quase nada sobre a vida social dos humanos em tempos considerados "pré-históricos", ou mesmo no intervalo de alguns milênios de transição às primeiras civilizações. Mas, daí em diante, é indiscutível que o desenvolvimento das sociedades foi muito favorecido pelo abrandamento meteorológico, depois de um período glacial que durou uns 100 mil anos.

O que se pode afirmar, com razoável certeza, é que antes das primeiras civilizações a evolução humana dependeu essencialmente de predações, extrativismos vegetais, pescas e caçadas. Mesmo nos muitos casos de pioneiras adoções de práticas agrícolas.

Isto quer dizer que a atenuação climática dos últimos 12 mil anos permitiu o chamado "processo civilizador", malgrado algumas abruptas e calamitosas alterações. Como, por exemplo, a que, há 4,2 mil anos, desintegrou o Estado mesopotâmico semita, na região da Acádia (centro do atual Iraque); no bem mais célebre "colapso maia", entre os séculos VIII e IX; e na derrocada da colonização nórdica da Groenlândia, há cerca de seiscentos anos; ou, entre 1640 e 1715, com a "Crise Global do Século XVII", em meio à chamada Pequena Idade do Gelo, que dizimou um terço da população mundial.

Mesmo com tais instabilidades, o curto lapso dos últimos 12 milênios foi tão distinto de tudo o que o precedeu nos 4,5 bilhões de anos da história planetária, que as geociências convencionaram batizá-los com o prefixo *Holo*, para bem destacar que esta seria a mais recente Época.

Porém, passou a ser bem duvidosa a manutenção das constâncias ecológicas tão formidáveis que propiciaram decisivos avanços sociais, impulsionados essencialmente por razoáveis graus de cooperação e coesão entre os humanos. Tal vantagem comparativa passou a ser desregulada por excessivas influências artificiais de suas próprias atividades.

Então, para distinguir esta nova etapa, em que a durabilidade da vida na Terra passou a depender demais da conduta de uma única espécie — a humana —, grande parte dos pesquisadores que lidam com as geociências considerou bem mais apropriado substituir o prefixo *Holo*, propondo que no novo seja *Antropo*.

Embora ainda não oficializada, nem sequer em congresso mundial das próprias geociências, a proposta de chamar de Antropoceno a Época posterior ao Holoceno foi muito bem acolhida em diversas outras áreas do conhecimento. Inclusive no tocante ao consenso sobre sua data de nascimento ser o início da chamada "Grande Aceleração", de meados do século XX.

Porém, como se procurou esmiuçar no segundo capítulo deste livro, não foi o que aconteceu com vários setores das Humanidades, quando estas — com muito atraso — começaram a se posicionar sobre a questão. Como a responsabilidade pelos estragos ecossistêmicos seria do capitalismo, em vez do conjunto dos humanos, o mais correto seria chamar a nova Época de Capitaloceno, em vez de Antropoceno. Mas, como coexistem várias concepções sobre o próprio capitalismo, com periodizações das mais divergentes, tudo indica que tal discussão tenha entrado num sério e grave impasse.

A rigor, esta teria sido a síntese conclusiva de um livro voltado à descrição analítica das reações das Humanidades à proposta de Antropoceno, engendrada na Ciência do Sistema Terra. Todavia, uma mesma constatação resultou do exame, em separado, das discussões teóricas da concorrente Ciência da Sustentabilidade (2.1) e das Humanidades, em geral (2.2). Em ambas, quaisquer avanços estão na dependência das pesquisas sobre "complexidade". Ou, melhor dizendo, ambas precisam demais de progressos mais substanciais das "novas ciências da complexidade".

Tudo indica que este possa ser considerado um outro sério e grave impasse, pois, como mostrou o início do terceiro capítulo, é pouco provável que os pesquisadores envolvidos em tão espinhoso imbróglio consigam sair da Torre de Babel que, involuntariamente, ajudam a construir.

Outra vez, poderia ser esta, então, a síntese, um pouco mais incisiva, deste livro. Porém, a dinâmica da pesquisa também sugeriu que a principal fraqueza das pesquisas sobre complexidade está em sua escassa atenção à teoria darwiniana da evolução. Deficiência tão séria que permanecem na penumbra dois pensadores que, desde os anos 1980, vêm dando expressivas contribuições ao tema: Peter Corning e Patrick Tort.

Então, a melhor síntese conclusiva deste livro talvez seja a constatação de que as Humanidades, assim como grande parte das ciências, continuam pré-darwinianas. O desafio, portanto, é levar adiante a imprescindível reconsideração dos pensamentos de Darwin e de Marx, suscitada pelo fecho do terceiro capítulo.

Principalmente porque as Humanidades continuam a entender a relação entre natureza e cultura como sequência de dois universos separados por algum operador de ruptura. Como já foi dito, a diferença é que, para alguns, a fronteira não estaria na posse da linguagem simbólica, mas sim na invenção do fogo, na proibição do incesto, no registro externo da memória em suportes permanentes, na existência de rituais funerários ou na fabricação de ferramentas.

Epílogo: Impasses e desafio

Em todas estas variantes, a cultura decorre de alguma mudança qualitativa, que possui o caráter irruptivo de um evento singular, introdutor da novidade. A única antropologia livre de tal orientação foi a proposta por Charles Darwin, em sua segunda grande obra, *The Descent of Man*, publicada em 1871. Infelizmente, desdenhada por darwinistas de todos os tempos e quadrantes, assim como pelo conjunto das Humanidades.

Para Darwin, a passagem não é simples, mas reversa. O movimento natureza > cultura não produz ruptura. A cultura é o avesso da natureza e vice-versa. O que antecedeu a cultura subsiste em todos os pontos de seu desenvolvimento, dada a impossível ruptura com a natureza. A interferência permanente — ou relação de habitação mútua — entre natureza e cultura é, na antropologia darwiniana, idêntica à mais frequente das relações dialéticas: a da continuidade na descontinuidade.

Também não poderia ser mais dialético o cerne da teoria exposta em sua conhecidíssima primeira grande obra, *The Origin of Species*, de 1859. Na dinâmica chamada de "seleção natural", os responsáveis pela reprodução, ditos replicadores, resultam da superação da contradição entre espontâneas variações aleatórias e persistentes pressões das circunstâncias ambientais. Uma dinâmica simultaneamente demográfica e biogeográfica.

É uma pena que Marx não tenha percebido o alcance das duas revoluções científicas darwinianas. Chegou a elogiar o primeiro grande livro, mas condenou, com toda a razão, as duas subsequentes extrapolações ideológicas da ideia de seleção natural, inventadas já desde os anos 1860: a liberal, de Herbert Spencer, e a intervencionista, de Francis Galton. Daí nem ter lido a segunda grande obra, perdendo a oportunidade de encontrar fundamento ecológico ao seu poderoso materialismo.

Não obstante, por atribuir altíssima relevância às ciências naturais, Marx foi levado a adotar um conceito, da ainda nascente bioquímica, para fazer incessantes analogias sobre as relações da sociedade com a natureza: o metabolismo. Isto é, o conjunto de reações químicas, no interior das células, que garantem a vida. Fenômeno que envolve duas dinâmicas: a biossintética (anabolismo) e a degradativa (catabolismo), ambas irreversíveis, distintas, mas interligadas, cuja resultante é a vida.

Na contracorrente, os atuais ecomarxistas, ou ecossocialistas, empenham-se em recuperar e enaltecer o recurso à analogia metabólica como dos mais dialéticos. É muita pena que exagerem ao afirmar que Marx teria antevisto a crise ecológica do Antropoceno, só pelo fato de ter se referido — uma única vez e de raspão — à possibilidade de enfraquecimento de tal processo metabólico. É indevida a asserção de que uma ecologia já estaria presente na própria obra de Marx.

Em suma: nem começou a desejável aproximação entre as teorias de Marx e de Darwin, dinâmica que talvez faça com que as Humanidades e a Ciência do Sistema Terra coevoluam na direção de uma Ecologia que seja, ao mesmo tempo, social e natural.

Epílogo: Impasses e desafio

REFERÊNCIAS BIBLIOGRÁFICAS

ALBERT, Réka; BARABÁSI, Albert-László (2002). "Statistical Mechanics of Complex Networks". *Reviews of Modern Physics*, vol. 74, nº 1: 47-97. <https://doi.org/10.1103/RevModPhys.74.47>.

ALMEIDA, Mauro (2021). "Anarquismo ontológico e verdade no Antropoceno". In: *Caipora e outros conflitos ontológicos*. São Paulo: Ubu, cap. 11, pp. 309-34.

ANGUS, Ian (2016). *Facing the Anthropocene: Fossil Capitalism and the Crisis of the Earth System*. Nova York: Monthly Review Press.

ARANTES, José Tadeu (2022). "Estudo descobre quais princípios físicos estão por trás do chamado 'darwinismo quântico'". *Agência Fapesp*, 29 de março.

ARROW, Kenneth J.; EHRLICH, Paul R.; LEVIN, Simon A. (2014). "Some Perspectives on Linked Ecosystems and Socio-Economic Systems". In: Scott Barrett, Karl-Göran Mäler e Eric S. Maskin (orgs.). *Environment and Development Economics: Essays in Honour of Sir Partha Dasgupta*. Oxford: Oxford University Press, cap. 3.

ARTHUR, W. Brian (2015). *Complexity and the Economy*. Oxford: Oxford University Press.

BALDIJÃO, Roberto Dobal (2022). *Quantum Darwinism and Contextuality*. Tese de doutorado, Instituto de Física da Unicamp.

BARABÁSI, Albert-László (2014). *Linked: How Everything Is Connected to Everything Else and What It Means for Business, Science, and Everyday Life*. Nova York: Basic Books.

_____ (2010). *Bursts: The Hidden Pattern Behind Everything We Do*. Londres: Penguin.

_____ (2002). *Linked: The New Science of Networks*. Nova York: Perseus Books.

BARABÁSI, Albert-László; ALBERT, Réka (1999). "Emergence of Scaling in Random Networks". *Science*, vol. 286, nº 5439: 509-12.

BAUER, Andrew M.; EDGEWORTH, Matthew; EDWARDS, Lucy E.; ELLIS, Erle C.; GIBBARD, Philip; MERRITTS, Dorothy J. (2021). "Anthropocene: Event or Epoch?". *Nature*, 597: 332. <https://doi.org/10.1038/d41586-021-02448-z>.

BEAU, Rémi; LARRÈRE, Catherine (2018). *Penser l'Anthropocène*. Paris: Presses de Sciences Po.

BECK, Ulrich (2018). *A metamorfose do mundo: novos conceitos para uma nova realidade*. Rio de Janeiro: Zahar.

_____ (2009). *World at Risk*. Cambridge: Polity.

_____ (1986). *Sociedade de risco: rumo a uma outra modernidade*. São Paulo: Editora 34 (1ª ed. 2010; 3ª reimpr. 2019).

BENKIRANE, Réda (2002). *La Complexité, vertiges et promesses: 18 histoires de sciences*. Paris: Le Pommier.

BENNET, Elena M.; SOLAN, Martin; BIGGS, Reinette; MCPHEARSON, Timon; NORSTRÖM, Albert V.; OLSSON, Per; PEREIRA, Laura; PETERSON, Garry D.; RAUDSEPP-HEARNE, Ciara; BIERMANN, Frank; CARPENTER, Stephen R.; ELLIS, Erle C.; HICHERT, Tanja; GALAZ, Victor; LAHSEN, Myanna; MILKOREIT, Manjana; LÓPEZ, Berta Martin; NICHOLAS, Kimberly A.; PREISER, Rika; VINCE, Gaia; VERVOORT, Joost M.; XU, Jianchu (2016). "Bright Spots: Seeds of a Good Anthropocene". *Frontiers in Ecology and the Environment*, 14 (8): 441-8.

BOLDIZZONI, Francesco (2020). *Foretelling the End of Capitalism: Intellectual Misadventures since Karl Marx*. Cambridge MA: Harvard University Press.

BONNER, John Tyler (1988). *The Evolution of Complexity by Means of Natural Selection*. Princeton: Princeton University Press.

BONNEUIL, Christophe; FRESSOZ, Jean-Baptiste (2016). *The Shock of the Anthropocene: The Earth, History and Us*. Londres: Verso Books (tradução da 2ª ed. francesa, revisada e ampliada).

_____ (2016). *L'Evénèment Anthropocène: la Terre, l'histoire et nous*. Paris: Seuil, 2ª ed. (1ª ed. 2013).

BOSTROM, Nick (2018). *Superinteligência: caminhos, perigos e estratégias para um novo mundo*. Rio de Janeiro: DarkSide Books.

_____ (2014). *Superintelligence: Paths, Dangers, Strategies*. Oxford: Oxford University Press.

BOUTON, Christophe (2022). *L'Accélération de l'histoire: des Lumiéres à l'Anthropocène*. Paris: Seuil.

BRANDON, Robert N.; MCSHEA, Daniel W. (2020). *The Missing Two-Thirds of Evolutionary Theory*. Cambridge: Cambridge University Press.

BRAUDEL, Fernand (1992). *Civilization and Capitalism, 15th-18th Century*, 3 vols. Berkeley: University of California Press.

_____ (1987) [1985]. *A dinâmica do capitalismo*. Rio de Janeiro: Rocco.

BRAUN, Bruce (2015). "From Critique to Experiment? Rethinking Political Ecology for the Anthropocene". In: Tom Perreault, Gavin Bridge e James McCarthy (orgs.). *The Routledge Handbook of Political Ecology*. Londres: Routledge, pp. 102-14.

CASTREE, Noel (2021). "Framing, Deframing and Reframing the Anthropocene". *Ambio*, 50: 1788-92.

CHAKRABARTY, Dipesh (2020). "The Human Sciences and Climate Change: A Crisis of Anthropocentrism". *Science and Culture*, vol. 86, nº 1-2: 46-8.

_____ (2009). "The Climate of History: Four Theses". *Critical Inquiry*, vol. 35, nº 2: 197-222.

CHRISTIAN, David (2019). *Origens: uma grande história de tudo*. Tradução de Pedro Maia Soares. São Paulo: Companhia das Letras.

_____ (2018). *Origin Story: A Big History of Everything*. Boston: Little, Brown and Company.

CLARK, Nigel; SZERSZYNSKI, Bronislaw (2021). *Planetary Social Thought: The Anthropocene Challenge to the Social Sciences*. Cambridge: Polity.

CLARK, William C.; HARLEY, Alicia G. (2019). *Sustainability Science: Towards a Synthesis*. Sustainability Science Program Working Paper 2019-01, John F. Kennedy School of Government, Harvard University, Cambridge, MA.

CLARKE, Brian (2020). *Gayan Systems: Lynn Margulis, Neocybernetics, and the End of the Anthropocene*. Minneapolis: University of Minnesota Press.

CNRS (2020). *Dictionnaire le l'Anthropocène*. Éditions du CNRS.

CORNING, Peter A. (2018). *Synergistic Selection: How Cooperation Has Shaped Evolution and the Rise of Humankind*. Cingapura: World Scientific.

_____ (2005). *Holistic Darwinism: Synergy, Cybernetics, and Bioeconomics of Evolution*. Chicago: University of Chicago Press.

_____ (2003). *Nature's Magic: Synergy in Evolution and the Fate of Humankind*. Cambridge: Cambridge University Press.

_____ (1983). *The Synergism Hypothesis: A Theory of Progressive Evolution*. Nova York: McGraw Hill.

CRUTZEN, Paul J. (2002). "Geology of Mankind". *Nature*, 415, 3 de janeiro: 23.

DALBY, Simon (2016). "Framing the Anthropocene: The Good, the Bad, and the Ugly". *The Anthropocene Review*, vol. 3, nº 1: 33-51. <https://doi.org/10.1177/2053019615618681>.

DARWIN, Charles (2021) [1859]. *A origem das espécies*. Lisboa: Clássica Editora.

_____ (2018) [1859]. *A origem das espécies*. São Paulo: Edipro.

_____ (2018) [1859]. *A origem das espécies*. São Paulo: Ubu.

_____ (2013) [1871]. *The Descent of Man, and Selection in Relation to Sex*. With an introduction by Janet Browne. Londres: Wordsworth.

_____ (2013) [1871]. *La Filiation de l'homme et la sélection liée au sexe*. Preface de Patrick Tort. Paris: Honoré Champion Éditeur.

_____ (2005) [1859]. *A origem das espécies e a seleção natural*. São Paulo: Madras.

_____ (1958). *The Autobiography of Charles Darwin, 1809-1882*. With the original omissions restored. Edited and with appendix and notes by his granddaughter Nora Barlow. Londres: Collins.

_____ (1881). *The Formation of Vegetable Mould, Through the Action of Worms, with Observations on Their Habits*. Disponível em: <darwin-online.org.uk/converted/pdf/1881_Worms_F1357.pdf>.

_____ (1874). *The Descent of Man, and Selection in Relation to Sex*. Londres: John Murray, 1874. Disponível em: <darwin-online.org.uk/converted/pdf/1874_Descent_F944.pdf>.

_____ (1872). *On the Origin of Species by Means of Natural Selection, or The Preservation of Favoured Races in the Struggle for Life*. 6. ed. revista e ampliada. Londres: John Murray.

_____ (1871). *The Descent of Man, and Selection in Relation to Sex*. 2ª ed. com nota de T. H. Huxley, 2 vols. Londres: John Murray.

_____ (1859). *On the Origin of Species by Means of Natural Selection, or The Preservation of Favoured Races in the Struggle for Life*. Londres: John Murray.

DAWKINS, Richard (2001) [1976]. *O gene egoísta*. Belo Horizonte: Itatiaia (reed. São Paulo: Companhia das Letras, 2007).

_____ (1983). "Universal Darwinism". In: D. S. Bendall (org.). *Evolution from Molecules to Man*. Cambridge: Cambridge University Press, pp. 403-25.

DE LA CADENA, Marisol; BLASER, Mario (2018). *A World of Many Worlds*. Durham: Duke University Press.

DE VRIES, Gerard (2018). *Bruno Latour: une introduction*. Paris: La Découverte.

_____ (2016). *Bruno Latour*. Cambridge: Polity.

DEMOULE, Jean-Paul (2010). *La Révolution néolithique dans le monde*. Paris: CNRS Éditions.

DENNETT, Daniel (1998). *A perigosa ideia de Darwin*. Rio de Janeiro: Rocco.

_____ (1995). "Darwin's Dangerous Idea". *The Sciences*, vol. 35, nº 3: 34-40.

DESCOLA, Philippe (2016). *Outras naturezas, outras culturas*. São Paulo: Editora 34.

_____ (2015) [2005]. *Beyond Nature and Culture*. Chicago: University of Chicago Press.

_____ (2011). *L'Écologie des autres: l'anthropologie et la question de la nature*. Versailles: Éditions Quae.

_____ (2005). *Par-delà nature et culture*. Paris: Gallimard.

DESILVA, Jeremy M. (2021). *A Most Interesting Problem: What Darwin's Descent of Man Got Right and Wrong about Human Evolution*. Princeton: Princeton University Press.

DIAMOND, Jared (2019). *Upheaval: Turning Points for Nations in Crisis*. Paris: Hachette.

_____ (2019). *Reviravolta: como indivíduos e nações se recuperam das crises*. Rio de Janeiro: Record.

_____ (2012). *The World Until Yesterday: What Can We Learn from Traditional Societies?* Nova York: Viking Press.

_____ (2014). *O mundo até ontem: o que podemos aprender com as sociedades tradicionais?* Rio de Janeiro: Record.

_____ (2005). *Collapse: How Societies Choose To Fail or Succeed*. Londres: Penguin.

_____ (2005). *Colapso: como as sociedades escolhem o fracasso ou o sucesso*. Rio de Janeiro: Record.

_____ (2003). *Armas, germes e aço: os destinos das sociedades humanas* (4ª ed.). Rio de Janeiro: Record.

_____ (1997). *Guns, Germs and Steel: The Fates of Human Societies*. Nova York: W. W. Norton.

DOWBOR, Ladislau (2021). *Beyond Capitalism: New Social Architectures*. Cambridge: Cambridge Scholars Publishing.

_____ (2020). *O capitalismo se desloca: novas arquiteturas sociais*. São Paulo: Edições Sesc.

DUPUY, Jean-Pierre (2019a). "La Dissuasion nucléaire est véritablement un pacte avec le diable". Entrevista conduzida por Alexis Feertchak. *iPhilo*, 13 de maio.

_____ (2019b). *La Guerre qui ne peut pas avoir lieu*. Bruges: Desclée de Brouwer.

_____ (2011). *O tempo das catástrofes: quando o impossível é uma certeza*. São Paulo: É Realizações.

_____ (2002). *Pour un catastrophisme éclairé: quand l'impossible est certain*. Paris: Seuil.

_____ (1994). *Aux origins des sciences cognitives*. Paris: La Découverte (reed. 1999; reimpr. 2005).

DWYER, Philip; MICALE, Mark S. (orgs.) (2022). *Darker Angels of Our Nature: Refuting the Pinker Theory of History and Violence*. Londres: Bloomsbury.

EBOBISSE, Wonja (2021). "Capitalisme et hypertélie". *La Pensée*, nº 407, 2021 (3): 55-67.

ELIAS, Norbert (1991, 1993) [1939]. *O processo civilizador*. Rio de Janeiro: Zahar (vol. I, 1990; vol. II, 1993).

EHLERS, Eckart; KRAFFT, Thomas (orgs.) (2005). *Earth System Science in the Anthropocene: Emerging Issues and Problems*. Nova York: Springer.

ELLIS, Erle (2018). *Anthropocene: A Very Short Introduction*. Oxford: Oxford University Press.

ELSEVIER (2015). *Ciência da sustentabilidade em um cenário global*. <https://www.elsevier.com/pt-br/about/corporate-responsibility/sustainability-science-in-a-global-landscape>.

FERGUSON, Niall (2021). *Doom: The Politics of Catastrophe*. Londres: Penguin.

_____ (2018). *A praça e a torre: redes, hierarquia e a luta pelo poder global*. São Paulo: Planeta.

_____ (2017). *The Square and the Tower: Networks, Hierarchies, and the Struggle for Global Power*. Londres: Allen Lane.

_____ (2013). *A grande degeneração: a decadência do mundo ocidental*. São Paulo: Planeta.

_____ (2012). *The Great Degeneration: How Institutions Decay and Economies Die*. Londres: Penguin.

_____ (2012). *Civilização: Ocidente x Oriente*. São Paulo: Planeta.

_____ (2011). *Civilization: The West and the Rest*. Londres: Penguin.

FOSTER, John Bellamy (2022). "The Return of the Dialectics of Nature: The Struggle for Freedom as Necessity". *Historical Materialism*: 1-26. <https://doi.org/10.1163/1569206X-20222279>.

FOSTER, John Bellamy; CLARK, Brett (2021). "The Capitalinian: The First Geological Age of the Anthropocene". *Monthly Review*, vol. 73, nº 4: 1-16.

FRANK, Robert H. (2011). *The Darwin Economy: Liberty, Competition, and the Common Good*. Princeton: Princeton University Press.

_____ (2009) [2007]. *O naturalista da economia: em busca de explicação para os enigmas do dia a dia*. Rio de Janeiro: Record.

FREDERICKSON, Megan E. (2013). "Rethinking Mutualism Stability: Cheaters and the Evolution of Sanctions". *The Quarterly Review of Biology*, vol. 88, nº 4. <https://doi.org/10.1086/673757>.

GELL-MANN, Murray (1996). *O quark e o jaguar: as aventuras no simples e no complexo*. Rio de Janeiro: Rocco.

_____ (1994). *The Quark and the Jaguar: Adventures in the Simple and the Complex*. Nova York: W. H. Freeman.

GERSHENSON, Carlos (2008). *Complexity: Five Questions*. Copenhague: Automatic Press/VIP.

GIAMPIETRO, Mario (2023). "Reflections on the Popularity of the Circular Bioeconomy Concept: The Ontological Crisis of Sustainability Science". *Sustainability Science* (Special Feature), publicado on-line em 10 de janeiro. <https://doi.org/10.1007/s11625-022-01267-z>.

GIAMPETRO, Mario; ALLEN, Timothy F. H.; MAYUMI, Kozo (2006). "The Epistemological Predicament Associated with Purposive Quantitative Analysis". *Ecological Complexity*, vol. 3, nº 4: 307-27.

GIBBARD, Philip; WALKER, Michael; BAUER, Andrew; EDGEWORTH, Matthew; EDWARDS, Lucy; ELLIS, Erle; FINNEY, Stanley; GILL,

Jacquelyn L.; MASLIN, Mark; MERRITTS, Dorothy; RUDDIMAN, William (2022). "The Anthropocene as an Event, not an Epoch". *Journal of Quaternary Science*, vol. 37, nº 3: 395-9.

_____ (2021). "A Practical Solution: The Anthropocene is a Geological Event, not a Formal Epoch". *Episodes*, vol. 45, nº 4: 349-57. <https://doi.org/10.18814/epiiugs/2021/021029>.

GODFREY-SMITH, Peter (2022a). *Metazoa: a vida animal e o despertar da mente*. Tradução de Daniel Galera. São Paulo: Todavia.

_____ (2022b). "Natureza não aponta quais animais devem ter direitos". Entrevista a Eduardo Sombini. *Folha de S. Paulo*, Ilustríssima, 2 de julho.

_____ (2020). *Metazoa: Animal Life and the Birth of the Mind*. Nova York: Farrar, Straus and Giroux.

_____ (2019). *Outras mentes: o polvo e a origem da consciência*. Tradução de Paulo Geiger. São Paulo: Todavia.

_____ (2016). *Other Minds: The Octopus, the Sea, and the Deep Origins of Consciousness*. Nova York: Farrar, Straus and Giroux.

GRAEBER, David; WENGROW, David (2022). *O despertar de tudo: uma nova história da humanidade*. São Paulo: Companhia das Letras, 2022.

_____ (2021). *The Dawn of Everything: A New History of Humanity*. Londres: Allen Lane/Penguin.

GREENE, Brian (2021). *Até o fim do tempo: mente, matéria e nossa busca por sentido num universo em evolução*. Tradução Renato Marques. São Paulo: Companhia das Letras.

_____ (2020). *Until the End of Time: Mind, Matter, and Our Search for Meaning in an Evolving Universe*. Nova York: Knopf.

GUILLE-ESCURET, Georges (2021). "Darwinisme et marxisme en écologie: la solidarité ignorée des méthodes". *La Pensée*, nº 407, 2021 (3): 69-80.

_____ (2018). *Social Structures and Natural Systems: Is a Scientific Assemblage Workable?* Londres/Hoboken: ISTE/Wiley.

HAMILTON, Clive (2015). "The Theodicy of the 'Good Anthropocene'". *Environmental Humanities*, vol. 7, nº 1: 233-8. <https://doi.org/10.1215/22011919-3616434>.

HAMILTON, Clive; BONNEUIL, Christophe; GEMENNE, François (orgs.) (2015). *The Anthropocene and the Global Environmental Crisis: Rethinking Modernity in a New Epoch*. Londres: Routledge.

HARARI, Yuval Noah (2018). *21 lições para o século 21*. São Paulo: Companhia das Letras.

_____ (2016). *Homo Deus: uma breve história do amanhã*. São Paulo: Companhia das Letras.

_____ (2012). *Sapiens: uma breve história da humanidade*. Porto Alegre: LP&M.

HARAWAY, Donna J. (2016a). *Staying with the Trouble: Making Kin in the Chthulucene*. Durham: Duke University Press.

_____ (2016b). "Staying with the Trouble: Anthropocene, Capitalocene, Chthulucene". In: Jason W. Moore (org.). *Anthropocene or Capitalocene? Nature, History and the Crisis of Capitalism*. Oakland: PM Press, pp. 34-76.

_____ (2016c). *Manifestly Haraway*. Minneapolis: University of Minnesota Press.

_____ (2008). *When Species Meet*. Minneapolis: University of Minnesota Press.

_____ (2004). *The Haraway Reader*. Londres: Routledge.

HAWKING, Stephen H. (2015) [1988]. *Uma breve história do tempo*. Rio de Janeiro: Intrínseca.

_____ (2000). "Unified Theory is Getting Closer, Hawking Predicts", *San Jose Mercury News*, 23 de janeiro.

HENRICH, Joseph (2020). *The WEIRDest People in the World: How the West became Psychologically Peculiar and Particularly Prosperous*. Nova York: Farrar, Straus and Giroux.

HODGSON, Geoffrey M. (2015). *Conceptualizing Capitalism: Institutions, Evolution, Future*. Chicago: University of Chicago Press.

_____ (2008). "Darwinismo e ciências sociais: um diálogo possível". *Estudos Avançados*, IEA-USP, vol. 22, nº 63: 271-80.

HODGSON, Geoffrey M.; KNUDSEN, Thorbjorn (2010). *Darwin's Conjecture*. Chicago: University of Chicago Press.

HOLLAND, John H. (2014). *Complexity: A Very Short Introduction*. Oxford: Oxford University Press.

_____ (1998). *Emergence: From Chaos to Order*. Nova York: Perseus Books.

_____ (1995). *Hidden Order: How Adaptation Builds Complexity*. Nova York: Addison-Wesley.

_____ (1995). *A ordem oculta: como a adaptação gera a complexidade*. Lisboa: Gradiva.

HOLT, Lauren. "Como seria a vida se não houvesse mais natureza". *Folha de S. Paulo*, 17 de julho.

HORGAN, John (1999). *O fim da ciência: uma discussão sobre os limites do conhecimento científico*. São Paulo: Companhia das Letras (2ª reimpr.).

_____ (1996). *The End of Science: Facing the Limits of Knowledge in the Twilight of the Scientific Age*. Portland: Broadway Books.

HORNBORG, Alf (2019). *Nature, Society, and Justice in the Anthropocene: Unraveling the Money-Exchange-Technology Complex*. Cambridge: Cambridge University Press.

_____ (2016). *Global Magic: Technologies of Appropriation from Ancient Rome to Wall Street*. Londres: Palgrave Macmillan.

_____ (2015). "The Political Ecology of the Technocene: Uncovering Ecologically Unequal Exchange in the World System". In: Clive Hamilton, Christophe Bonneuil e François Gemenne (orgs.) (2015). *The Anthropocene and the Global Environmental Crisis: Rethinking Modernity in a New Epoch*. Londres: Routledge, cap. 5, pp. 57-69.

_____ (org.) (2011). *Global Ecology and Unequal Exchange: Fetishism in a Zero-Sum World*. Londres: Routledge.

_____ (2009). "Zero-Sum World Challenges in Conceptualizing Environmental Load Displacement and Ecologically Unequal Exchange in the World-System". *International Journal of Comparative Sociology*, vol. 50 (3-4): 237-62.

_____ (1998). "Towards an Ecological Theory of Unequal Exchange: Articulating World System Theory and Ecological Economics". *Ecological Economics*, 25: 127-36.

HORNBORG, Alf; CLARK, Brett; HERMELE, Kenneth (orgs.) (2012). *Ecology and Power: Struggles Over Land and Material Resources in the Past, Present and Future*. Londres: Routledge.

HORNBORG, Alf; MCNEILL, J. R.; MARTINEZ-ALIER, Joan (orgs.) (2007). *Rethinking Environmental History: World-System History and Global Environmental Change*. Lanham: AltaMira Press.

HORNBORG, Alf; CRUMLEY, Carole (orgs.) (2006). *The World-System and the Earth-System: Global Socioenvironmental Change and Sustainability since the Neolithic*. Walnut Creek: Left Coast Press.

JABLONKA, Eva; LAMB, Marion J. (2010). *Evolução em quatro dimensões*. Tradução de Claudio Angelo. São Paulo: Companhia das Letras.

_____ (2005). *Evolution in Four Dimensions*. Cambridge MA: MIT Press.

JÄGER, Jill (2006). "Sustainability Science". In: Eckart Ehlers e Thomas Krafft (orgs.). *Earth System Science in the Anthropocene*. Nova York: Springer, pp. 19-26.

JERNECK, Anne; OLSSON, Lennart; NESS, Barry; ANDERBERG, Stefan; BAIER, Matthias; CLARK, Eric; HICKLER, Thomas; HORNBORG, Alf; KRONSELL, Annica; LÖVBRAND, Eva; PERSSON, Johannes (2011). "Structuring Sustainability Science". *Sustainability Science*, 6: 69-82. <https://doi.org/10.1007/s11625-010-0117-x>.

JOHNSON, Neil (2007). *Simply Complexity: A Clear Guide to Complexity Theory*. Londres: Oneworld Publications.

JOLY, Marc (2021). "La 'Seconde révolution darwinienne' et la révolution sociologique". *La Pensée*, nº 407, 2021 (3): 44-54.

KATES, Robert; CLARK, William; CORELL, Robert; HALL, J. Michael; JAEGER, Carlo; LOWE, Ian; MCCARTHY, James; SCHELLNHUBER, Hans Joachim; BOLIN, Bert; DICKSON, Nancy; FAUCHEUX, Sylvie; GALLOPIN, Gilberto; GRUEBLER, Arnulf; HUNTLEY, Brian; JÄGER, Jill; JODHA, Narpat; KASPERSON, Roger; MABOGUNJE, Akin; MATSON, Pamela; MOONEY, Harold; MOORE III, Berrien; O'RIORDAN, Timothy; SVEDIN, Uno (2001). "Sustainability Science". *Science*, vol. 292, nº 5517: 641-2.

KAUFFMAN, Stuart (1995). *At Home in the Universe: The Search for Laws of Self-Organization and Complexity*. Oxford: Oxford University Press.

KOMIYAMA, Hiroshi; TAKEUCHI, Kazuhiko; SHIROYAMA, Hideaki; MINO, Takashi (orgs.) (2011). *Sustainability Science: A Multidisciplinary Approach*. Tóquio: United Nations University Press.

KOROTAYEV, Andrey V.; LEPOIRE, David J. (orgs.) (2021). *The 21st Century Singularity and Global Futures: A Big History Perspective*. Nova York: Springer (PDF gratuito em academia.edu).

KUNNAS, Jan (2017). "Storytelling: From the Early Anthropocene to the Good or the Bad Anthropocene". *The Anthropocene Review*, vol. 4, nº 2: 136-50.

KURZWEIL, Ray (2018). *A singularidade está próxima: quando os humanos transcendem a biologia*. São Paulo: Iluminuras.

_____ (2005). *The Singularity Is Near: When Humans Transcend Biology*. Nova York: Viking Press.

Referências bibliográficas

LALAND, Kevin N.; ODLING-SMEE, John; HOPPITT, William; ULLER, Tobias (2013). "More on How and Why: Cause and Effect in Biology Revisited". *Biology and Philosophy*, vol. 28, n° 5: 719-45.

LALAND, Kevin N.; STERELNY, Kim; ODLING-SMEE, John; HOPPITT, William; ULLER, Tobias (2011). "Cause and Effect in Biology Revisited: Is Mayr's Proximate-Ultimate Dichotomy Still Useful?". *Science*, vol. 334, n° 6062: 1512-6.

LATOUR, Bruno (2020). *Diante de Gaia: oito conferências sobre a natureza no Antropoceno*. São Paulo: Ubu.

_____ (2017). *Facing Gaia: Eight Lectures on the New Climate Regime*. Cambridge: Polity.

_____ (2015). *Face à Gaïa: huit conférences sur le nouveau régime climatique*. Paris: La Découverte.

_____ (1995). *Le Métier de chercheur regard d'un anthropologue*. Versailles: INRA Éditions.

_____ (1994) [1991]. *Jamais fomos modernos: ensaio de antropologia simétrica*. São Paulo: Editora 34.

LATOUR, Bruno; WOOLGAR, Steve (1997) [1979]. *A vida de laboratório: a produção dos fatos científicos*. Tradução de Angela R. Vianna. Rio de Janeiro: Relume Dumará.

LEFF, Enrique (2021). *Political Ecology: Deconstructing Capital and Territorializing Life*. Londres: Palgrave Macmillan.

LEVIN, Simon A.; XEPAPADEAS, Tasos; CRÉPIN, Anne-Sophie; NORBERG, Jon; ZEEUW, Aart de; FOLKE, Carl; HUGHES, Terry; ARROW, Kenneth; BARRETT, Scott; DAILY, Gretchen; EHRLICH, Paul; KAUTSKY, Nils; MÄLER, Karl-Göran; POLASKY, Steve; TROELL, Max; VINCENT, Jeffrey R.; WALKER, Brian (2012). "Social-Ecological Systems as Complex Adaptive Systems: Modeling and Policy Implications". *Environment and Development Economics*, 18: 111-32.

LEVIN, Simon A. (2002). "Complex Adaptive Systems: Exploring the Known, the Unknown and the Unknowable". *Bulletin of the American Mathematical Society*, vol. 40, n° 1: 3-19.

_____ (1998). "Ecosystems and the Biosphere as Complex Adaptive Systems". *Ecosystems*, 1: 431-36.

LEWIN, Roger (1994). *Complexidade: a vida no limite do caos*. Rio de Janeiro: Rocco.

_____ (1992). *Complexity: Life at the Edge of Chaos*. Chicago: Chicago University Press.

LI VIGNI, Fabrizio (2021). *Histoire et sociologie des sciences de la complexité*. Paris: Éditions Matériologiques.

LOPES, Reinaldo José (2023). "As democracias antes da Grécia". *Superinteressante*, nº 448, fevereiro, pp. 54-9.

LORIMER, Jamie (2021). *The Probiotic Planet: Using Life to Manage Life*. Minneapolis: University of Minnesota Press.

LOVELOCK, James (2020). *Novaceno: o advento da era da hiperinteligência*. Lisboa: Edições 70.

_____ (2019). *Novacene: The Coming Age of Hyperintelligence*. Cambridge MA: MIT Press.

MALM, Andreas (2018). *L'Anthropocène contre L'histoire: le réchauffement climatique à l'ère du capital*. Paris: La Fabrique.

_____ (2015). *Fossil Capitalism: The Rise of Steam Power and the Roots of Global Warming*. Londres: Verso Books.

_____ (2013). "The Origins of Fossil Capital: From Water to Steam in the British Cotton Industry". *Historical Materialism*, vol. 21, nº 1: 15-68.

MALM, Andreas; HORNBORG, Alf (2014). "The Geology of Mankind? A Critique of the Anthropocene Narrative". *The Anthropocene Review*, abril, vol. 1, nº 1: 62-9 (publicado on-line em 7/1/2014).

MARGULIS, Lynn (2001). *O planeta simbiótico: uma nova perspectiva da evolução*. Rio de Janeiro: Rocco.

_____ (1998). *Symbiotic Planet: A New Look at Evolution*. Nova York: Basic Books.

MAYNARD SMITH, John (1982). "The Evolution of Social Behavior: A Classification of Models". In: King's College Sociobiology Group (org.). *Current Problems in Sociobiology*. Cambridge: Cambridge University Press, pp. 30-44.

MAYNARD SMITH, John; SZATHMÁRY, Eörs (1999). *The Origins of Life: From the Birth of Life to the Origin of Language*. Oxford: Oxford University Press.

_____ (1995). *The Major Transitions in Evolution*. Oxford: Oxford University Press.

MAZUR, Suzan (2014). *The Origin of Life Circus: A How To Make Life Extravaganza*. Nova York: Caswell Books.

MCNEILL, J. R.; ENGELKE, Peter (2014). *The Great Acceleration: An Environmental History of the Anthropocene since 1945*. Cambridge MA: Harvard University Press.

Referências bibliográficas

MASON, Paul (2015). *Pós-capitalismo: um guia para o nosso futuro*. São Paulo: Companhia das Letras.

MAYR, Ernst (1961). "Cause and Effect in Biology: Kinds of Causes, Predictability, and Teleology Are Viewed by a Practicing Biologist". *Science*, vol. 134, n° 3489: 1501-6.

MERCHANT, Carolyn (2020). *The Anthropocene and the Humanities: From Climate Change to a New Age of Sustainability*. New Haven: Yale University Press.

MÉSZÁROS, István (2005). *The Power of Ideology*. Londres: Zed Books.

MEYER, William B. (2016). *The Progressive Environmental Prometheans: Left-Wing Heralds of a "Good Anthropocene"*. Londres: Palgrave Macmillan.

MILLER, John H. (2015). *A Crude Look at the Whole: The Science of Complex Systems in Business, Life, and Society*. Nova York: Basic Books.

MITCHELL, Melanie (2009). *Complexity: A Guided Tour*. Oxford: Oxford University Press.

MOORE, Jason W. (org.) (2016). *Anthropocene or Capitalocene? Nature, History, and the Crisis of Capitalism*. Oakland: PM Press.

_____ (2015). *Capitalism in the Web of Life: Ecology and the Accumulation of Capital*. Londres: Verso Books.

MORIN, Edgar (2008). *La Méthode*. Collection Opus. Paris: Seuil. Edição conjunta de seis tomos: (1977a) *La Nature de la nature* (t. 1); (1980) *La Vie de la vie* (t. 2); (1986) *La Connaissance de la connaissance* (t. 3); (1991) *Les Idées* (t. 4); (2001) *L'Humanité de l'humanité* (t. 5); (2004) *L'Éthique* (t. 6).

_____ (1977b). "Le Système, paradigme ou/et théorie". Conferência inaugural, Congresso AFCET (Associação Francesa para a Cibernética Econômica e Técnica), Versalhes, 21 de novembro. In: AFCET (1997). *Modélisation et maîtrise des systèmes techniques, économiques et sociaux*. Paris: Hommes et Techniques, pp. 44-53.

NASA (1988). *Earth System Science: A Closer View*. Washington D.C.: National Aeronautics and Space Administration.

_____ (1986). *Earth System Science: Overview*. Washington D.C.: National Aeronautics and Space Administration.

NEAL, Larry; WILLIAMSON, Jeffrey G. (orgs.) (2014a). *The Cambridge History of Capitalism, Volume I. The Rise of Capitalism: From Ancient Origins to 1848*. Cambridge: Cambridge University Press.

_____ (orgs.) (2014b). *The Cambridge History of Capitalism, Volume II. The Spread of Capitalism: From 1848 to the Present*. Cambridge: Cambridge University Press.

NOWAK, Martin A. (2011). *SuperCooperators: The Mathematics of Evolution, Altruism and Human Behaviour* (com Roger Highfield). Nova York: Free Press.

_____ (2006). "Five Rules for the Evolution of Cooperation". *Science*, 8 de dezembro, vol. 314, nº 5805: 1560-3.

NRC (1999). *Our Common Journey: A Transition Toward Sustainability*. Washington, D.C.: National Research Council/The National Academies Press. <https://doi.org/10.17226/9690>.

ORESKES, Naomi (2020). *Science on a Mission: How Military Funding Shaped What We Do and Don't Know About The Ocean*. Chicago: University of Chicago Press.

_____ (2019). *Why Trust Science?* Princeton: Princeton University Press.

_____ (2015). "Introduction". In: Pope Francis. *Encyclical on Climate Change and Inequality: On Care for Our Common Home*. Brooklyn: Melville House.

ORESKES, Naomi; CONWAY, Erik M. (2014). *The Collapse of Western Civilization: A View from the Future*. Nova York: Columbia University Press.

_____ (2010). *Merchants of Doubt: How a Handful of Scientists Obscured the Truth on Issues from Tobacco Smoke to Global Warming*. Londres: Bloomsbury.

PAGÈS, Claire (2015). *Qu'est-ce que la dialectique?* Paris: J. Vrin.

PERREAULT, Tom; BRIDGE, Gavin; MCCARTHY, James (orgs.) (2015). *The Routledge Handbook of Political Ecology*. Londres: Routledge.

PINKER, Steven (2021). *Rationality: What it Is, Why it Seems Scarce, Why it Matters*. Nova York: Viking Press.

_____ (2018). *O novo Iluminismo: em defesa da razão, da ciência e do humanismo*. São Paulo: Companhia das Letras.

_____ (2018). *Enlightenment Now: The Case for Reason, Science, Humanism and Progress*. Nova York: Viking Press.

_____ (2011). *Os anjos bons da nossa natureza: por que a violência diminuiu*. São Paulo: Companhia das Letras.

_____ (2011). *The Better Angels of Our Nature: Why Violence Has Declined*. Nova York: Viking Press.

Referências bibliográficas

POSSAS, Mario Luiz (2008). "Economia evolucionária neo-schumpeteriana: elementos para uma integração micro-macrodinâmica". *Estudos Avançados*, IEA-USP, vol. 22, n° 63: 281-305.

PREISER, Rika; BIGGS, Reinette; DE VOS, Alta; FOLKE, Carl (2018). "Social-Ecological Systems as Complex Adaptive Systems". *Ecology and Society*, 23 (4): 46.

REES, Martin (2021). *Sobre o futuro: perspectivas para a humanidade. Questões críticas sobre ciência e tecnologia que definirão a sua vida.* Rio de Janeiro: Alta Books.

_____ (2021) [2018]. *On the Future: Prospects for Humanity*. Princeton: Princeton University Press.

_____ (2005). *Hora final: alerta de cientista*. São Paulo: Companhia das Letras.

_____ (2003). *Our Final Hour: A Scientist's Warning*. Nova York: Basic Books.

RESCHER, Nicholas (1998). *Complexity: A Philosophical Overview*. New Brunswick, NJ: Transaction Publishers.

RIFKIN, Jeremy (2019). *The Green New Deal: Why the Fossil Fuel Civilization Will Collapse by 2018 and the Bold Economic Plan to Save Life on Earth*. Nova York: St. Martin's Press.

_____ (2014). *The Zero Marginal Cost Society: The Internet of Things, the Collaborative Commons, and the Eclipse of Capitalism.* Londres: Palgrave Macmillan.

_____ (2011). *The Third Industrial Revolution: How Lateral Power Is Transforming Energy, the Economy, and the World.* Londres: Palgrave Macmillan.

_____ (2009). *The Empathic Civilization: The Race to Global Consciousness in a World in Crisis.* Londres: Penguin.

ROBERTS, Jason (2020). "Political Ecology". In: *The Cambridge Encyclopedia of Anthropology*, edited by Felix Stein. <http://doi.org/10.29164/20polieco>.

ROBIN, Libby; STEFFEN, Will (2007). "History for the Anthropocene". *History Compass*, 5 (5): 1694-719.

ROCKSTRÖM, Johan; GAFFNEY, Owen (2021). *Breaking Boundaries: The Science of Our Planet*. Prefácio de Greta Thunberg. Nova York: DK Publishing.

ROUSSEAU, David (2017). "Systems Research and the Quest for Scientific Systems Principles". *Systems*, vol. 5, n° 25: 1-16. <https://doi.org/10.3390/systems5020025>.

ROUSSEAU, David; WILBY, Jennifer; BILLINGHAM, Julie; BLACH-FELLNER, Stefan (2018). *General Sistemology: Transdisciplinarity for Discovery, Insight and Innovation*. Translational Systems Sciences Collection. Nova York: Springer.

_____ (2016). "Manifesto for General Systems Transdisciplinarity". *Systema*, vol. 4, nº 1: 4-14.

RUTHERFORD, Albert (2019). *Learn to Think in Systems: Use System Archetypes to Understand, Manage, and Fix Complex Problems and Make Smarter Decisions*. Kindle Direct Publishing.

SACHS, Jeffrey (2008a). *A riqueza de todos: a construção de uma economia sustentável em um planeta superpovoado, poluído e pobre*. Rio de Janeiro: Nova Fronteira.

_____ (2008b). *Common Wealth: Economics for a Crowded Planet*. Londres: Penguin.

SCARANO, Fabio Rubio (2019). "The Emergence of Sustainability". In: L. H. Wegner e U. Lüttge (orgs.). *Emergence and Modularity in Life Sciences*. Nova York: Springer, pp. 51-66.

SCHOON, Michael; VAN DER LEEUW, Sander (2015). "The Shift Toward Social-Ecological Systems Perspectives: Insights into the Human-Nature Relationship". *Natures Sciences Societies*, 23 (2): 166-74. <https://doi.org/10.1051/nss/2015034>.

SMIL, Vaclav (2021). *Grand Transitions: How the Modern World Was Made*. Oxford: Oxford University Press.

SNOW, C. P. (1995) [1959]. *As duas culturas e uma segunda leitura*. Apresentação de Miriam Krasilchik. São Paulo: Edusp (reimpr. 2015).

_____ (1959). *The Two Cultures* (com uma segunda leitura de 1963 e introdução de Stefan Collini). Cambridge: Cambridge University Press, 1998 (21ª ed. 2017).

STEFFEN, Will; RICHARDSON, Katherine; ROCKSTRÖM, Johan; SCHELLNHUBER, Hans Joachim; DUBE, Opha Pauline; DUTREUIL, Sébastien; LENTON, Timothy M.; LUBCHENCO, Jane (2020). "The Emergence and Evolution of Earth System Science". *Nature Reviews Earth & Environment*, vol. 1, janeiro: 54-63. <https://doi.org/10.1038/s43017-019-0005-6>.

STEFFEN, Will; ROCKSTRÖM, Johan; RICHARDSON, Katherine; LENTON, Timothy M.; FOLKE, Carl; LIVERMAN, Diana; SUMMERHAYES, Colin P.; BARNOSKY, Anthony D.; CORNELL, Sarah E.; CRUCIFIX, Michel; DONGES, Jonathan F.; FETZER, Ingo; LADE, Steven J.; SCHEFFER, Marten; WINKELMANN, Ricarda;

SCHELLNHUBER, Hans Joachim (2018). "Trajectories of the Earth System in the Anthropocene". *PNAS — Proceedings of the National Academy of Sciences*, vol. 115, n° 33, 6 de agosto. <www.pnas.org/cgi/doi/10.1073/pnas.1810141115>.

STEFFEN, Will; RICHARDSON, Katherine; ROCKSTRÖM, Johan; CORNELL, Sarah E.; FETZER, Ingo; BENNETT, Elena M.; BIGGS, Reinette; CARPENTER, Stephen R.; DE VRIES, Wim; DE WIT, Cynthia A.; FOLKE, Carl; GERTEN, Dieter; HEINKE, Jens; MACE, Georgina M.; PERSSON, Linn M.; RAMANATHAN, Veerabhadran; REYERS, Belinda; SÖRLIN, Sverker (2015). "Planetary Boundaries: Guiding Human Development on a Changing Planet". *Science*, 13 de fevereiro, vol. 347, n° 6223: 736.

STEFFEN, Will; GRINEVALD, Jacques; CRUTZEN, Paul; MCNEILL, John (2011). "The Anthropocene: Conceptual and Historical Perspectives". *Philosophical Transactions of the Royal Society A*, 369: 842-67.

STEFFEN, Will; CRUTZEN, Paul J.; MCNEILL, John R. (2007). "The Anthropocene: Are Humans Now Overwhelming the Great Forces of Nature?". *Ambio*, vol. 36, n° 8, dezembro: 614-21.

STEFFEN, Will; SANDERSON, Angelina; TYSON, Peter D.; JÄGER, Jill; MATSON, Pamela A.; MOORE III, Berrien; OLDFIELD, Frank; RICHARDSON, Katherine; SCHELLNHUBER, H. J.; TURNER II, B. L.; WASSON, Robert J. (2004). *Global Change and the Earth System: A Planet Under Pressure*. The IGBP Series. Nova York: Springer.

STENGERS, Isabelle (2022) [1997]. *Cosmopolitiques*. Paris: La Découverte.

SZATHMÁRY, Eörs (2015). "Toward Major Evolutionary Transitions Theory 2.0". *PNAS — Proceedings of the National Academy of Sciences*, vol. 112, n° 33, 2 de abril. <https://doi.org/10.1073/pnas.142139811>.

SZILAGYI, Miklos N. (2017). *Complexity: A Primer* (apostila disponível no Kindle). Pallas Press.

THOMAS, Julia Adeney; WILLIAMS, Mark; ZALASIEWICZ, Jan (2020). *The Anthropocene: A Multidisciplinary Approach*. Cambridge: Polity.

THOMAS, Julia Adeney (2014). "History and Biology in the Anthropocene: Problems of Scale, Problems of Value". *The American Historical Review*, 119 (5): 1587-607.

THOMPSON, D'Arcy Wentworth (1917). *On Growth and Form*. Cambridge: Cambridge University Press (2ª ed. 1942).

TORT, Patrick (2021a). "Première révolution: l'émergence logique du principe sélectif". *La Pensée*, nº 407, 2021 (3): 5-15.

_____ (2021b). "La seconde révolution darwinienne". *La Pensée*, nº 407, 2021 (3): 16-31.

_____ (2018). *Sexe, race et culture: conversation avec Régis Meyran*. Paris: Éditions Textuel.

_____ (2017a). *Théorie du sacrifice: sélection sexuelle et naissance de la morale*. Paris: Belin.

_____ (2017b). *Darwin et le darwinisme*. Collection Que Sais-Je?, 6ª ed. corrigida. Paris: PUF.

_____ (2016a). *Qu'est-ce que matérialisme? Introduction à l'analyse des complexes discursifs*. Paris: Belin.

_____ (2016b). *Darwin n'est pas celui qu'on croit: idées reçues sur l'auteur de L'Origine des espèces*. Paris: Le Cavalier Bleu.

_____ (2014). "Faustino Cordón et la naissance de l'unité dans le champ biologique". In: Chomin Cunchillos (org.). *Les voies de l'émergence: introduction à la théorie des unités de niveau d'integration*. Paris: Belin, pp. 7-19.

_____ (2008). *L'Effet Darwin: sélection naturelle et naissance de la civilisation*. Paris: Seuil.

_____ (2002). *La seconde révolution darwinienne: biologie évolutive et théorie de la civilization*. Paris: Kimé.

_____ (1997). *Darwin et le darwinisme*. Collection Que Sais-Je? Paris: PUF.

_____ (1996). *Spencer et l'évolutionnisme philosophique*. Collection Que Sais-Je? Paris: PUF.

_____ (1985). *Misère de la sociobiologie*. Paris: PUF.

_____ (1983). *La Pensée hiérarchique et l'évolution*. Paris: Aubier.

TRUCHON, Lilian (2021). "Darwin, socle 'naturel' du matérialisme de Marx". *La Pensée*, nº 407, 2021 (3): 32-43.

TSING, Anna Lowenhaupt (2015). *The Mushroom at the End of the World: On the Possibility of Life in Capitalist Ruins*. Princeton: Princeton University Press.

VEIGA, José Eli da (2022). "Antropoceno e Humanidades". *Anthropocenica: Revista de Estudos do Antropoceno e Ecocrítica*, nº 3. <https://doi.org/10.21814/anthropocenica.4203>.

_____ (2021). "A Ciência da Sustentabilidade". *Cadernos CEBRAP Sustentabilidade*, vol. 1, nº 1.

_____ (2019a). *O Antropoceno e a Ciência do Sistema Terra*. São Paulo: Editora 34.

_____ (2019b). "O risco nuclear". *Valor*, Caderno EU & Fim de Semana, São Paulo, 13 de setembro, pp. 14-5.

_____ (2019c). "Hora da abolição?". *Valor*, São Paulo, 28 de agosto, p. A13.

_____ (2013). *A desgovernança mundial da sustentabilidade*. São Paulo: Editora 34.

_____ (2008). "Evolução darwiniana & ciências sociais". *Estudos Avançados*, IEA-USP, vol. 22, nº 63: 245-50.

VILLALBA, Bruno (2022). *L'Écologie politique em France*. Paris: La Découverte.

WAIZBORT, Ricardo (2008). "Vespeiros da razão: perspectivas para um diálogo entre as ciências biológicas e as ciências sociais". *Estudos Avançados*, IEA-USP, vol. 22, nº 63: 251-70.

WALDROP, M. Mitchell (1992). *Complexity: The Emerging Science at the Edge of Order and Chaos*. Nova York: Simon & Schuster.

WALLIN, Ivan (1927). *Symbionticism and the Origin of Species*. Baltimore: Williams & Wilkins Company.

WATTS, Duncan J. (2011). *Everything Is Obvious Once You Know the Answer: How Common Sense Fails Us*. Nova York: Crown.

_____ (2003). *Six Degrees: The Science of a Connected Age*. Nova York: W. W. Norton.

WATTS, Duncan J.; STROGATZ, Steven Henry (1998). "Collective Dynamics of 'Small World' Networks". *Nature*, 393: 440-2.

WEST, Geoffrey (2017). *Scale: The Universal Laws of Growth, Innovation, Sustainability, and the Pace of Life in Organisms, Cities, Economies, and Companies*. Londres: Penguin.

WILSON, Edward O. (2012). *The Social Conquest of Earth*. Nova York: Liveright.

AGRADECIMENTOS

Ressaltando que eventuais erros, falhas e lapsos deste livro são de sua inteira responsabilidade, o autor faz questão de agradecer — por comentários aos trechos que puderam ler — às amigas e amigos: Ademar Romeiro, Andrei Cechin, Arilson Favareto, Eveline de Abreu, Jean-Pierre Dupuy, José Guilherme Pereira Leite, Karin Vecchiatti, Laura Luedy, Lia Zatz, Luís Roberto de Paula, Marcos Buckeridge, Petterson Vale, Ricardo Abramovay, Uirá Machado e Yumi Kawamura. Assim como à atenção e competência com que Paulo Malta conduziu a edição deste livro.

SOBRE O AUTOR

José Eli da Veiga é professor sênior do Instituto de Estudos Avançados da Universidade de São Paulo (IEA-USP). Por trinta anos (1983-2012) foi docente do Departamento de Economia da Faculdade de Economia, Administração e Contabilidade da USP (FEA-USP), onde obteve o título de professor titular em 1996. É colunista do jornal *Valor Econômico*, da revista *Página22* e da Rádio USP. Tem 29 livros publicados e mantém uma página web:

www.zeeli.pro.br

Livros publicados:

História da ciência

O Antropoceno e a Ciência do Sistema Terra. São Paulo: Editora 34, 2019, 152 p.

Amor à ciência: ensaios sobre o materialismo darwiniano. São Paulo: Editora Senac, 2017, 120 p.

Gaia: de mito a ciência (org.). São Paulo: Editora Senac, 2012, 176 p.

Transgênicos: sementes da discórdia (org.). São Paulo: Editora Senac, 2007, 176 p.

Sustentabilidade

Para entender o desenvolvimento sustentável. São Paulo: Editora 34, 2015, 232 p.

A desgovernança mundial da sustentabilidade. São Paulo: Editora 34, 2013, 152 p. (e-book em inglês: *The Global Disgovernance of Sustainability*, tradução de Erik Giersiepen, Anadarco, 2014).

O imbróglio do clima: ciência, política e economia (org.). São Paulo: Editora Senac, 2014, 168 p.

Os estertores do Código Florestal. Campinas: Autores Associados, 2013, 96 p.

Energia eólica (org.). São Paulo: Editora Senac, 2012, 216 p.

Energia nuclear: do anátema ao diálogo (org.). São Paulo: Editora Senac, 2012, 136 p.

Sustentabilidade: a legitimação de um novo valor. São Paulo: Editora Senac, 2010, 160 p.

Mundo em transe: do aquecimento global ao ecodesenvolvimento. Campinas: Autores Associados, 2009, 120 p.

Economia socioambiental (org.). São Paulo: Editora Senac, 2009, 384 p.

Desenvolvimento sustentável: o desafio do século XXI. Rio de Janeiro: Garamond, 3ª ed., 2008, 224 p. (1ª ed., 2005).

Aquecimento global: frias contendas científicas (org.). São Paulo: Editora Senac, 2008, 120 p.

Desenvolvimento sustentável: que bicho é esse? (com Lia Zatz). Campinas: Autores Associados, 2008, 96 p.

A emergência socioambiental. São Paulo: Editora Senac, 2007, 144 p.

Meio ambiente & desenvolvimento. São Paulo: Editora Senac, 2006, 184 p.

Ciência ambiental: primeiros mestrados (org.). São Paulo: Fapesp/Annablume, 1998, 352 p.

Ruralidade, agricultura e território

O desenvolvimento agrícola: uma visão histórica. São Paulo: Edusp, 2ª ed., 2007, 240 p. (1ª ed., São Paulo: Edusp/Hucitec, 1991).

Cidades imaginárias: o Brasil é menos urbano do que se calcula. Campinas: Autores Associados, 2ª ed., 2003, 304 p. (1ª ed., Brasília: Núcleo de Estudos Agrários e Desenvolvimento Rural, 2001).

O Brasil rural precisa de uma estratégia de desenvolvimento. Brasília: Núcleo de Estudos Agrários e Desenvolvimento Rural, 2001, 104 p.

Do global ao local. Campinas: Autores Associados, 2005, 120 p.

A história não os absolverá. Nem a geografia. Campinas: Autores Associados, 2005, 136 p.

A face rural do desenvolvimento: natureza, território e agricultura. Porto Alegre: Editora da UFRGS, 2000, 200 p.

Agricultura sustentável: subsídios para a elaboração da Agenda 21 brasileira (org.). Brasília: Ministério do Meio Ambiente/Ibama/Consórcio Museu Emílio Goeldi, 2000.

Metamorfoses da política agrícola dos EUA. São Paulo: Fapesp/Annablume, 1994, 208 p.

A reforma que virou suco: uma introdução ao dilema agrário do Brasil. Petrópolis: Vozes, 1990, 160 p.

O que é reforma agrária (14 edições). São Paulo: Brasiliense, 1ª ed., 1981, 88 p.

Sobre o autor

ÍNDICE REMISSIVO

Abramovay, Ricardo, 16
Acádia, 9, 163
Acordo de Paris, 21, 87
Adams, John, 27
Adorno, Theodor W., 162
África, 8, 110
Agência, 89, 121, 125, 139
Agência Fapesp, 57
Agenda 2030, 21
Agricultura, 9, 21, 152
Ajuda mútua, 42
Albert, Réka, 73
Aleatoriedade, 58
Alfabetização, 38
Algas, 124
Algoritmo, 57, 121
Alienígena, 14
Alometria, 49
Almeida, Mauro, 80
Altruísmo, 106, 127
Altvater, Elmar, 98
American Economic Review, 39
Américas, 9, 116
Anabolismo, 167
Anacronismo, 46
Anarquismo, 80, 84
Ancestrais fósseis, 129
Anders, Günther, 32
Anderson, Philip, 77
Andes, 110

Angelo, Claudio, 56
Anglicano, 44
Angus, Ian, 96, 97
Animismos, 90
Anthropocene Review, The, 93
Antiguidade, 9, 103
Antinomia, 58
Antítese, 36, 149
Antropoceno, 15, 16, 17, 18, 20,
    21, 25, 35, 53, 56, 61, 68, 72,
    75, 76, 80, 82, 83, 84, 85, 86,
    87, 88, 89, 90, 91, 93, 94, 95,
    96, 97, 101, 102, 104, 120,
    164, 167
Antropologia darwiniana, 157,
    159, 166
Antroposfera, 62
Aprendizado, 39, 65, 74, 76, 114,
    145
Aptidão inclusiva, 127
Aquecimento global, 20, 22, 105
Arantes, José Tadeu, 57
Arendt, Hannah, 32
Arizona, Universidade do, 23
Armadilha malthusiana, 129
Armas nucleares, 22, 23, 29, 31,
    32, 33, 108
Arquétipos, 27
Arrighi, Giovanni, 96
Arrow, Kenneth, 76

Arthur, W. B., 78
Assembleia Geral da ONU, 32
Atmosfera, 13, 107
Átomo, 69, 70
Austrália, 9, 116, 146
Autoextermínio, 23
Autonomia, 89
Bactérias, 41, 124, 129, 141, 142, 143, 145
Bak, Per, 77
Baldijão, Roberto Dobal, 57
Baleias, 49
Banalidade do mal, 32
Barabási, Albert-László, 73
Barbárie, 149
Bateson, Patrick, 119
Batidas do coração, 49
Beau, Rémi, 87
Beck, Ulrich, 33, 34, 35, 36, 85
Bell, Daniel, 102
Bem-estar social, 21
Benefícios corporativos, 133
Benefícios líquidos, 129
Benkirane, Réda, 77
Bens públicos, 130, 132
Bernanke, Ben, 39
Bertalanffy, Ludwig von, 70
Besouros, 141
Bettencourt, Luis M. A., 50
Bíblia, 38
Big Bang, 8, 11, 12, 14, 20, 53
Big Bounce, 14
Big Crunch, 14
Big History, 19, 54, 85
Big Rip, 14
Biogeofísico, 101, 102, 104
Biologia, 36, 42, 47, 48, 49, 51, 53, 56, 57, 59, 74, 119, 121, 131, 134, 147
Biosfera, 20, 21, 62, 69, 76, 107
Biotecnologia, 25, 107

Blanc, Louis, 103
Blocos geopolíticos, 107
Boldizzoni, Francesco, 103, 104
Bonner, John Tyler, 78
Bonneuil, Christophe, 86
Bostrom, Nick, 28, 55, 105
Boulding, Kenneth, 70
Brand, Stewart, 47
Brandon, Robert N., 134
Braudel, Fernand, 9, 96, 99
Braun, Bruce, 82
Bridge, Gavin, 82
Brookhaven National Laboratory, 26
Brown University, 64
Brown, James, 49
Browne, Janet, 45, 147
Buraco negro, 12, 26, 53
Business Dynamics, 114
Caça ao veado (*"stag hunt"*), 131
Califórnia, 28, 48, 90
Calotas polares, 106
Cambridge, University of, 16, 28, 47, 100, 103, 114
Cambridge Encyclopedia of Anthropology, 83
Campanha Internacional pela Abolição das Armas Nucleares, 33
Canadá, 36
Caninos, 49
Cânone europeu, 111
Caoplexologia, 77, 116
Capital, 85, 94, 95, 98, 99, 100
Capitalian, 97
Capitalismo, 9, 16, 84, 90, 97, 98, 99, 100, 101, 102, 103, 104, 105, 164
Capitalismo fóssil, 95, 96, 99
Capitaloceno, 16, 84, 91, 92, 93,

94, 95, 96, 97, 98, 99, 101, 102, 164

Carone, Modesto, 32

Caronismo ("*free-rider*"), 131

Carvão, 51, 95

CAS (*Complex Adaptive Systems*), 74, 75

Castellani, Brian, 73

Castores, 149

Catabolismo, 167

Catalisadores, 128

Catastrofismo esclarecido, 32

Causação recíproca, 126

Célula, 49, 60, 120, 124, 134, 138, 140, 142, 143, 144, 167

Celulose, 124

Center for BioComplexity, 75

Centre for Systems Philosophy, 71

Cérebro, 15, 25, 38, 39, 74, 76, 114, 145

CERN (Conseil Européen pour la Recherche Nucléaire), 26

Chaitin, Gregory, 77

Chakrabarty, Dipesh, 85, 86

Chernobyl, 33

Chesnais, François, 101

Chicago, 48

Childe, Vere Gordon, 110

Chimpanzés, 8, 109

China, 9, 107, 110, 116

Christian, David, 19, 20, 21, 85, 101

Cianobactérias, 141

Cibernética, 25, 29, 72, 73, 139

Ciborgues, 13, 25, 90

Ciclo cosmológico, 14

Ciclo sobre a Teoria Darwiniana, 40

Ciclos, 51, 88, 102

Cidades, 38, 47, 50, 51, 78

Ciência, 9, 16, 17, 21, 24, 25, 40, 45, 57, 62, 63, 64, 65, 66, 72, 78, 81, 82, 84, 86, 87, 88, 89, 91, 92, 113, 115, 116, 118, 120, 123, 134, 141, 147, 157, 160, 165, 167

Ciência de sistemas, 72

Ciência política, 28, 34, 82, 89

Ciências da complexidade, 15, 17, 47, 48, 114, 115, 116, 117, 118, 119, 165

Ciência da Sustentabilidade, 17, 61, 62, 63, 66, 67, 68, 78, 79, 80, 81, 82, 83, 165

Ciência das Redes, 73

Ciência do Sistema Terra, 15, 16, 23, 61, 62, 63, 81, 83, 84, 87, 164, 167

Ciências cognitivas, 72, 118

Ciências da vida, 118, 123, 147

Ciências exatas, 82

Ciências humanas, 88, 147, 157

Ciências naturais, 82, 89, 158, 167

Ciências sociais, 34, 82, 88, 89, 90, 93, 102, 109, 158

Ciências transdisciplinares, 81

Cingapura, 33

Cinco caminhos, 132

Ciúme, 29

Civilização, 17, 57, 62, 87, 105, 106, 107, 108, 111, 147, 149, 157, 158, 160, 161, 162

Civilização babilônica, 100

Civilização global, 107, 108

Clark, Brett, 97

Clark, Nigel, 90

Clark, William C., 64, 67, 68, 72, 73, 75, 76, 78

Classes, 20, 36, 98, 162

Clinton, Bill, 31

Clones, 25

Índice remissivo

195

CNRS (Centre National de la Recherche Scientifique), 110
Cochet, Yves, 23
Coesões sociais, 42
Coevolução gene-cultura, 38, 56
Colapso maia, 163
Colapsologia, 23, 28
Colisão de asteroide, 108
Collège de France, 87
Columbia University, 15, 29
Combinação de trabalho, 120, 124, 128, 134, 139, 142, 143
Combustíveis fósseis, 20, 21, 95, 97, 99, 101, 106
Comércio mundial, 98
Competição, 40, 41, 42, 44, 120, 128, 129, 130, 137, 138, 155, 162
Competição de interferência, 129
Competição exploradora, 129
Complex Systems, 77
Complexity, 77
Complexity International, 77
Comportamentos, 39, 51, 56, 57, 71, 74, 76, 114, 126, 130, 131, 139, 145, 157
Comportamentos de aglomeração, 130
Computação, 51, 53, 74, 115
Comunismo, 84, 162
Conferências Gifford, 86
Confronto, 30, 161, 162
Conhecimento, 16, 17, 33, 34, 47, 56, 59, 61, 62, 67, 69, 70, 77, 84, 90, 104, 136, 164
Conjectura, 15, 41, 46, 52, 53, 57, 81, 103, 121, 147
Conselho de Segurança da ONU ("P5"), 32
Consenso, 54, 76, 95, 97, 100, 101, 164

Construtivista, 90
Continuidade, 59, 91, 97, 101, 133, 159, 160, 166
Contrailuminismo, 105
Contradição, 20, 43, 58, 59, 60, 166
Contrato, 103
Contrato social, 89
Controle cibernético, 136, 137, 140, 144
Convenção do Clima, 22, 115
Cooperação, 41, 42, 44, 120, 122, 123, 127, 128, 129, 130, 131, 132, 134, 135, 136, 137, 141, 157, 164
Cooperativismo, 123
Cornell University, 39, 48
Corning, Peter, 113, 119, 120, 121, 123, 132, 133, 134, 135, 136, 139, 141, 144, 145, 165
Corporate goods, 132
Cortázar, Julio, 43
Cosmogonias, 92
CPS (*Complex Physical Systems*), 74, 75
CREA (Centre de Recherche en Epistémologie Appliquée), 117
Crescente Fértil, 110
Crescimento econômico, 20, 21, 38, 47, 50, 52, 101
Crescimento hiperbólico, 52
Crescimento ilimitado, 51
Crescimento limitado, 51
Crise dos mísseis de Cuba, 30
Crise Global do Século XVII, 163
Crítica indígena, 111
Crumley, Carole, 93
CSER (Center for the Study of Existencial Risk), 28, 114
Cuernavaca, 87
Culpa, 38

Curva logística, 55
Custo marginal zero, 104
Custo proporcional, 104
Custos de oportunidade, 134
Custos marginais, 134
Dartmouth College, 45
Darwin, Charles, 15, 17, 40, 41, 42, 43, 44, 45, 46, 47, 56, 57, 78, 113, 120, 121, 128, 135, 142, 146, 147, 148, 149, 150, 152, 153, 156, 157, 158, 159, 160, 161, 162, 165, 166, 167
Darwinismo generalizado, 60
Darwinismo social, 42, 148, 158, 161
Darwinismo universal, 60
Dawkins, Richard, 56
De la Cadena, Marisol, 90, 92
De Vries, Wim, 92
Deleuze, Gilles, 146
Demógrafos, 52
Demoule, Jean-Paul, 110
Derrida, Jacques, 146
Desaceleração, 52, 54, 55
Desastres ambientais, 14
Descarbonização, 104, 105
Descendentes, 13, 46, 153
Descent of Man, The, 41, 44, 45, 47, 128, 146, 166
Descola, Philippe, 91
Descontinuidade, 43, 59, 92, 97, 99, 101, 166
Desenvolvimento sustentável, 55, 67, 86
Desertor, 133
Despertar de tudo, 109
Desigualdades, 20, 95, 106, 108
DeSilva, Jeremy M., 45, 147
Desregulação ecossistêmica, 23
Dialética, 43, 58, 59, 60, 97, 101, 160, 161, 166

Diamandis, Peter, 28
Diamond, Jared, 108, 110
Dilema do prisioneiro, 131
Dinâmica competitiva, 40
Dinâmicas históricas da Terra, 17, 59, 62
Direito internacional, 30
Direitos, 157
Dissuasão, 29, 30, 31, 33
Divergência, 54, 71, 77, 94, 99, 139, 149
Dividendos, 104
Divisão do trabalho, 124, 134, 135, 144
DNA, 56, 126, 136, 140
Doomsday machine, 31
Dr. Strangelove, 31
Drucker, Peter, 102
Duas culturas, 16, 17, 84
Dupla revolução científica de Darwin, 15
Dupuy, Jean-Pierre, 28, 29, 30, 31, 32, 33, 73
Durkheim, Émile, 134
Dwyer, Philip, 106
Ecocatastrofista, 87
Ecologia, 49, 92, 93, 98, 117, 126, 129, 160, 161, 167
Ecologia Cultural, 82
Ecologia dos outros, 92
Ecologia Política, 82, 83, 84
Ecological Society of America, 49
Ecomarxista, 87, 96, 167
Econoceno, 94
Economia comportamental, 39
Economia fóssil, 94, 97, 101
Ecossocialista, 167
Edimburgo, 86
Educação, 21
Efeito reverso da evolução, 113, 157

Índice remissivo

197

Efeitos de patamar, 128
Ehrlich, Paul, 76
Elefantes, 152
Elias, Norbert, 106
Ellsberg, Daniel, 31
Elsevier, 67
Embrionários, 60
Emergence: Complexity and Organization, 77
Emergência, 19, 62, 73, 74, 123
Emergentes doenças infecciosas, 108
Empatia, 106
Empreendimento humano, 87
En-ROADS, 115
Energias fósseis, 85, 96, 99
Enganação ("*cheat*"), 131
Engenhosidade, 51, 106
Entropia, 15
Envelhecimento, 48
Epigenética, 39, 56
Epistemologia, 74, 117
Epistemológica, 18, 63, 72, 73
Época, 8, 11, 15, 20, 35, 61, 68, 83, 84, 85, 86, 88, 89, 96, 97, 104, 107, 164
Epstein, Joshua, 77
Equilíbrio de Nash, 133
Era da Informação Digital, 52
Era de ouro, 103
Era do Computador, 52
Era pós-humana, 25
Erosão da biodiversidade, 20, 27
Escala, 11, 49, 50, 51, 128, 130, 135, 142
Escola de Frankfurt, 162
Escravismo, 104, 110, 133
Espécie, 8, 9, 12, 16, 25, 40, 41, 44, 45, 46, 84, 85, 94, 95, 98, 124, 125, 126, 127, 128, 129, 130, 134, 141, 142, 145, 148,

150, 152, 153, 154, 155, 156, 157, 164
Esperanto, 117
Espírito do capitalismo, 90
Estabilização, 52, 55
Estados Unidos, 23, 28, 29, 30, 31, 33, 107, 146, 148
Estase, 106
Esteiras microbianas, 141
Esteiras rolantes, 52
Estresses hídricos, 27
Estromatólitos, 142
Estudos Avançados, 40
Ética, 42, 147
Ética antisseletiva, 162
Eucariotas, 120, 142, 143
Eugenia, 42, 148, 158
Europa, 8, 23, 37, 104, 116, 156
Eventos climáticos extremos, 22
Evolução cultural, 38, 122
Evolucionismo linear e teleológico, 110, 112
Expectativa de vida, 20, 49
Extinções biológicas em massa, 108
Fagocitose, 143
Família, 37
Fed (Federal Reserve Bureau), 39
Feigenbaum, Mitchell, 77
Ferguson, Niall, 47, 101, 105, 107, 108
Fernández, Juan, 151, 153
Ferramentas, 120, 159, 165
Ferro, 51, 52
Fertilidade, 38
Fetichismo, 95
FHI (Future of Humanity Institute), 28
Fim da história, 103
Fim do capitalismo, 102, 103

Física, 57, 59, 73, 74, 118, 121, 139
Física teórica, 15
FLI (Future of Life Institute), 28
Força, 42, 121, 125
Formigas, 76, 138
Forrageamento, 110
Fórum de Davos (World Economic Forum), 22
Fósseis, 46, 129
Foster, John Bellamy, 96, 97, 102
Fotossíntese, 8, 141
Foucault, Michel, 146
Frank, Robert H., 39, 40
French Theory, 146
Fressoz, Jean-Baptiste, 86
Friibergh, 64
Fronteiras, 64, 89, 90, 118
Fukuyama, Francis, 110
Funcionalidade, 132
Fundamentalismo islâmico, 108
Fungos, 124, 138, 141
Gaffney, Owen, 63
Gaia, 62, 76, 86
Galton, Francis, 148, 158, 166
Gates, Bill, 19
GCRI (Global Catastrophic Risk Institute), 28
Gell-Mann, Murray, 77, 78
Gemenne, François, 86
Gene egoísta, 41, 56, 119
Genebra, 27
General Systems Transdisciplinarity, 71
Gênero, 8, 57, 98, 107
Genoma, 49, 122, 138
Geo-história, 88
Geoengenharia, 22, 91
Geologia, 62, 83, 95
Geologia da humanidade, 93
Geosfera, 62

Gerard, Ralph, 70
Gershenson, Carlos, 77
Giampietro, Mario, 79, 80
Gibbons, Ann, 45
Gintis, Herbert, 119
Globalização, 100
Godfrey-Smith, Peter, 18, 113
Gowdy, John M., 119
Graeber, David, 109, 110
Grande Aceleração, 9, 20, 96, 97, 101, 164
Grande degeneração, 105
Grande Teoria Unificada, 121
Grandes invenções, 144
Grandes transições na evolução, 120, 122, 131, 135, 136, 138, 144, 145
Gravitacional, 13, 53
Greene, Brian, 15
Groenlândia, 163
Guerra Civil Espanhola, 145
Guerra da natureza, 151, 153
Guerra Fria, 29, 31
Guerra nuclear, 29, 31, 106, 107
Guerras, 42, 96, 103
Guille-Escuret, Georges, 92
Hamilton, Clive, 86
Harari, Yuval Noah, 107, 108, 110
Haraway, Donna, 92, 99
Harley, Alicia G., 67, 68, 72, 73, 75, 76, 78
Harvard University, 36, 45, 48, 64, 67, 78, 103
Harvey, David, 101
Hawking, Stephen W., 113, 114, 116, 117, 118
Hayek, Friedrich, 101
Heidegger, Martin, 32
Henrich, Joseph, 36, 37, 38, 39
Hereditariedade, 39, 46, 56, 145

Índice remissivo

199

Heurísticas qualitativas, 72
Hierarquia, 103, 104
Hiperbólico, 51, 52, 54
Hipertélica, 162
Hipótese Hidrogênica, 143
Hipótese indutiva, 155
Hipótese Sinérgica, 122, 123, 128
Hiroshima, 32
História das ciências, 63, 84
Historical Materialism, 95
Historicismo filosófico, 106
Hobbes, Thomas, 111
Hodgson, Geoffrey M., 60, 101, 119
Holanda, 33
Holland, John Henry, 74, 77, 78, 121
Holoceno, 9, 20, 36, 68, 104, 164
Holt, Lauren, 114
Homo erectus, 8, 20
Homo neanderthalensis, 8, 9
Homo sapiens, 8, 9, 20, 57
Horgan, John, 77, 115, 116
Horkheimer, Max, 162
Hornborg, Alf, 92, 93, 94, 95, 99
Humanidades, 15, 16, 17, 18, 19, 34, 36, 57, 61, 62, 82, 84, 85, 86, 87, 93, 108, 112, 120, 123, 164, 165, 166, 167
IBHA (International Big History Association), 54, 85
Idade da pedra, 52
Idade do bronze, 52
Idade do ferro, 52
Idealismo, 94, 100
Identidade, 69, 70, 80, 107
IEA-USP, 16, 40
IGBP (International Geosphere-Biosphere Programme), 87
Igreja Católica Romana, 37

Iluminismo, 38, 111
Imperial College, 50
Imperialismo, 98
Incerteza, 22, 23, 25, 27, 28, 30, 32, 67
Individualismo, 84, 103, 104
Infinito, 14, 53, 161
Informática, 117
Inovações, 21, 25, 38, 51, 52, 95, 104, 124, 144
Inovações sinérgicas, 104
Instintos, 149
Instintos sociais, 42, 45, 157
Instituições, 28, 29, 37, 46, 89, 104, 111, 162
Institut Charles Darwin International, 146
Institut Momentum, 23
Instituto Santa Fé, 48, 50, 78, 115, 117
Inteligência, 25, 106, 149, 162
Inteligência artificial, 25, 107
Inteligência coletiva, 128, 135
Intercâmbio ecológico, 91
Invenção/uso do fogo, 8, 9, 159, 165
Iraque, 163
ISC-PIF (Institut des Systèmes Complexes de Paris Île-de-France), 117
Isla Robinson Crusoé, 153
ISSS (International Society for the Systems Sciences), 70, 71
J. Vrin, 60
Jablonka, Eva, 56, 119, 144
Japão, 116
Jaujard, Jacques, 145
Johnson, Neil, 78
Jonas, Hans, 32
Jospin, Lionel, 23
Journal of Complexity, 77

Journal of Theoretical Biology, 137
Kates, Robert W., 64, 67
Kauffman, Stuart, 77, 78, 121
Keynes, John Maynard, 100, 102
Komiyama, Hiroshi, 67
Kondiaronk, 111
Korotayev, Andrey V., 54
Kubrick, Stanley, 31
Kurzweil, Ray, 28, 53, 54, 55
La Pensée, 161
Laland, Kevin, 126
Lamarck, Jean-Baptiste de, 120, 135
Lamb, Marion J., 56, 144
Langton, Christopher, 77
Larrère, Catherine, 87
Latour, Bruno, 86, 92, 99
Launch on warning, 33
Leff, Enrique, 83
Lei dos Retornos Acelerados, 54
Leis de escala, 49, 50
Leitura, 37, 38
LePoire, David J., 54
Levedura, 124
Levin, Simon A., 75, 76
Lewin, Roger, 78
Li Vigni, Fabrizio, 116, 117, 118
Liberalismo, 84, 105, 157
Liberdade, 89
Limiares, 20
Limites, 14, 58, 64, 77, 90, 98, 107, 156, 161
Linearidade teleológica, 106
Lipídios, 140
Liquens, 124, 141
Litosfera, 62, 69
Liverpool, 48
Lixo, 107
Lloyd, Seth, 77
Lógicas, 18, 59

Lopes, Reinaldo José, 111, 112
Los Alamos, 48, 50, 57, 78
Lucro, 104, 133, 162
Lutero, Martinho, 38
Machismos, 46
Macquarie University, 19
Macroecologia, 49
Macromutações, 104
Madura atenuação, 53, 55
Malm, Andreas, 93, 94, 95, 96, 97
Malthus, Thomas Robert, 150, 153, 154
Manifesto Ecomodernista, 105
Manutenção da vida, 48
Mão invisível, 40
Maoistas, 59
Máquina, 31, 104
Margulis, Lynn, 41, 120, 143
Martinez-Alier, Joan, 93
Marx, Karl, 9, 100, 102, 103, 156, 161, 162, 165, 166, 167
Mason, Paul, 104
Matemática, 53, 55, 74, 118
Materialismo, 147, 160, 166
Materialismo darwiniano, 17, 40, 46, 47
Maynard Smith, John, 122, 127, 131, 132, 136, 138, 139, 144, 145
Mayr, Ernst, 125, 126
Mazur, Suzan, 141
McCarthy, James, 82
McCloskey, Deirdre, 101
McNeill, John Robert, 84, 93
McPherson, Guy, 23
McShea, Daniel W., 119, 121, 134
Mecanismo, 42, 125, 127, 151, 154, 155, 156
Megalópoles, 52

Índice remissivo

Meio ambiente, 21, 64, 98, 100, 107, 160
Memética, 56
Mente, 38, 51, 60
Mészáros, István, 97
Metabolismo, 48, 51, 83, 88, 141, 167
Metabolização, 161
Metamorfose, 33, 34, 35, 36
Metaverso, 43
México, 110
Micale, Mark S., 106
Milão, 103
Mill, John Stuart, 102
Miller, John H., 78
MIT (Massachusetts Institute of Technology), 48, 50, 56, 114
Mitchell, Melanie, 74, 75, 78, 115, 116
Mitocôndrias, 142, 143
Möbius, August Ferdinand, 43, 158, 159, 160, 161
Modernidade, 33, 34, 35, 84, 86, 89, 90
Moderno, 86
Monthly Review, 96
Montreal, 48
Moore, Jason W., 94, 95, 96, 97, 98, 99
Moralidade, 147, 157
Morin, Edgar, 69, 70
Morte, 48
Mudança climática, 21, 106, 107, 108, 126
Mudança cultural, 46
Mundo RNA, 139
Museu do Prado, 145
Mutação genética, 126
Mutualismo, 123, 127, 128, 130, 143
Não adaptativos, 74, 75

NASA (National Aeronautics and Space Administration), 62
Nash, John, 133
NatCult, 90
Naturalista, 87, 160
Nature, 47
Nature Reviews: Earth & Environment, 62
Nature Sustainability, 63, 65, 66
Natureza humana, 17, 41, 45, 59, 60, 62, 87
Nazistas, 145, 148
Neal, Larry, 100
Neodarwinismos, 56
Neumann, John von, 53, 55
New England Complex Systems Institute, 114
Newcomen, Thomas, 95
Nichos ecológicos, 39, 139
Nixon, Richard, 31
Nobel, Prêmio, 39, 48, 146
Noble, Denis, 119
Nogueira, Marco Aurélio, 34
Nomadismo, 110
North, Douglas, 101
Nova condição humana, 88, 89
Nova Guiné, 110
Novas ciências da complexidade, 15, 17, 47, 48, 114, 116, 119, 165
Novidades disruptivas, 51
Novo México, 48
Nowak, Martin, 123, 132
NRC (National Research Council), 63, 66
NTI (Nuclear Threat Initiative), 31
Nunn, Sam, 31
Objetivo universalista, 162
Occupy Wall Street, 109
Oceanos, 13, 28

Ocidente, 37, 105, 142
Ogivas nucleares, 30
Oliveira, Sonia Barros de, 16
Onda "tentacular", 99
Onda/corpúsculo, 70
Ondulatórios, 60
Ontogenia, 126
Ontologia, 18, 79, 80, 90
ONU (Organização das Nações Unidas), 21, 32, 66
Oposição, 43
Ordens raciais, 98
Oregon, University of, 96
Organismos, 8, 46, 78, 119, 120, 124, 125, 127, 129, 134, 140, 142, 143, 145, 147, 150, 152, 154, 155, 156, 157, 158
Orgãos, 25, 49
origem das espécies, A, 40, 44, 45, 128, 150, 156, 157
origem do homem, A, 41, 146
Origin of Species, The, 128, 146, 166
Ostracismo, 133
OTAN (Organização do Tratado do Atlântico Norte), 33
Packard, Norman, 77
Padrões de consumo, 21
Pagès, Claire, 60
Pandemônio teórico, 149
Panglossianismo, 105
Paradigma, 51, 133, 136
Paradoxo, 43, 118, 135
Paradoxo da dependência, 135, 142
Parentesco, 37, 38, 119, 127, 132, 137, 145
Paris, 21, 23, 85, 87, 110, 117, 145
Partículas, 12, 13, 27, 69, 70, 124

Patentes, 50, 51
Pensamentos xamânicos, 92
Pensando o Antropoceno, Ciclo, 86, 87
Pentagon Papers, 31
Pentágono, 31
Pequena Idade do Gelo, 163
Perigo atômico, 29
Perreault, Tom, 82
Perry, William J., 31
Piketty, Thomas, 101
Pinker, Steven, 105, 106, 110
Planeta, 8, 12, 13, 14, 17, 46, 62, 83, 88, 89, 90
Plataforma científica, 118
Plataforma Científica Pasteur, 118
PNAS (*Proceedings of the National Academy of Sciences of the United States of America*), 63, 66
Political Ecology, 83
População, 21, 54, 125, 154, 155, 163
Porvir do capitalismo, 105
Pós-2050, 26
Pós-moderno, 90
Pós-natureza, 87
Posse da linguagem, 159, 165
Preconceito, 161
Predisposições psíquicas, 27
Preiser, Rika, 75
Previsão, 105, 162
Price, Huw, 28
Prigogine, Ilya, 77
Primeira revolução darwiniana, 43, 57, 150, 151, 156
Princeton University, 39, 40, 46, 75
Princípio filosófico, 57
Procariotas, 141
Processo civilizador, 24, 35, 36,

41, 42, 45, 59, 60, 87, 105, 106, 110, 112, 148, 157, 163

Progresso, 20, 25, 53, 54, 55, 56, 106, 165

Proibição do incesto, 159, 165

Proliferação, 38, 46, 58, 155

Propriedade, 100

Proteção, 148, 149, 157

Proteínas, 140

Pusilanimidade, 106

Qualidade de vida, 21

Qualidades morais, 41, 45

Quarks, 26

Quebradeira, 52

Raciocínio dedutivo, 155

Racionalidade, 161, 162

Racismo, 46, 149

Raios cósmicos, 27

Rapoport, Anatol, 70

Razão, 106, 162

Reagan, Ronald, 31

Reciprocidade de rede, 132

Reciprocidade direta, 132

Reciprocidade indireta, 132, 137

Recompensas, 125, 129, 133

Redes digitais, 51

Redução da pobreza, 20

Reducionismo, 16, 69

Rees, Martin, 24, 25, 27, 28, 47, 105

Reflexividade, 89

Reforma Protestante, 38

Regressão, 106

Relação organismo/ambiente, 125, 126

Relações de escala, 49

Rescher, Nicholas, 78

Retrocesso civilizador, 26

Revolução Industrial, 38, 52, 97

Revolução neolítica, 110

Rifkin, Jeremy, 102, 106, 108

Rigor matemático, 48

Riqueza, 21, 51, 85

Risco zero, 31

Riscos globais, 22

Ritmo de vida, 50, 52, 78

Rituais funerários, 159, 165

Rizóbios, 141

RNA, 136, 140

Roberts, Jason, 83

Robin, Libby, 85

Rockström, Johan, 63

Rosenfeld, Anatol, 32

Rousseau, David, 67, 71, 72

Rousseau, Jean-Jacques, 111

Routledge, 82

Ruminantes, 124, 141

Ruptura, 43, 90, 150, 158, 159, 160, 165, 166

Rússia, 33, 54, 142

Rutherford, Albert, 67

Sachs, Jeffrey, 85

Sagan, Carl, 53

Salto, 14, 43, 84, 160

Salto qualitativo, 160

Saúde, 106, 117

Schoon, Michael, 76

Schultz, George P., 31

Schumpeter, Joseph A., 100, 102

SciDev.Net, 67

Science, 47, 49, 64, 65, 67

Sciences Po, 86

Scientific American, 115

Sedentarismo, 110

Segunda revolução darwiniana, 157, 158

Seis avenidas, 71, 72

Seleção de grupo, 132, 137

Seleção de parentesco, 119, 127, 132, 137

Seleção multinível, 127

Seleção natural, 39, 41, 42, 43,

44, 45, 57, 113, 121, 122, 124, 125, 126, 127, 128, 130, 140, 147, 148, 149, 150, 153, 154, 155, 156, 157, 158, 161, 166

Seleção sexual, 44, 125

Seleção Sinérgica, 113, 122, 123, 124, 133, 139, 143

SGSR (Society for General Systems Research), 70

Sigmoide, 55

Silêncio antropológico, 157

Simbiogênese, 41, 120, 142, 143

Simbiose, 81, 120, 127, 128, 130, 135, 142

Simbiose animal-ferramenta, 128, 135

Símbolos, 39

Simpatia, 157

Sinergias, 41, 119, 121, 122, 123, 124, 128, 130, 132, 138, 139, 141

Singularidade, 53, 54, 55, 56

Singularidade de tempo finito, 51

Singularidade essencial, 53

Singularidade tecnológica, 53

Síntese Expandida, 56, 135

Síntese Inclusiva, 136

Síntese Moderna, 56, 135

Sistema adaptativo complexo, 68, 80

Sistema Antropocênico, 68

Sistema feudal, 103

Sistema humano-natural, 66

Sistema mundial, 91

Sistema nervoso, 144

Sistema solar, 8, 20

Sistemas socioecológicos, 75

Sistemologia, 67, 69, 70

Skynner, B. F., 126

Smil, Vaclav, 107, 108

Smith, Adam, 40

Snow, C. P., 16

Sobrevivência diferencial, 126

Socialismo, 84

Socialização, 39

Sociedade de catástrofe, 35

Sociedade de risco, 33, 35

Sociedade sem classes, 162

Sociobiologia, 119

Sol, 12, 13, 14, 88, 90

Solidariedade, 42, 103

Sotereologia, 28

Soviético, 30, 31, 59

Spencer, Herbert, 120, 148, 149, 153, 158, 166

Spier, Fred, 85

Springer, 54

SSC (Superconducting Super Collider), 48

Stanford University, 28, 48

Steffen, Will, 62

Stengers, Isabelle, 99

Sterman, John, 114, 115

Stiglitz, Joseph, 101

Strangelets, 26, 27

Streeck, Wolfgang, 102

Strogatz, Steven Henry, 73

SU (Singularity University), 28

Sublinear, 50, 51

Superexponencial, 51, 54

Superinteligência, 55

Superlinear, 50, 51

Sustainability, 63, 66

Sustainability Science, 63, 66, 79

Sustentabilidade global, 47, 51

Szathmáry, Eörs, 122, 131, 132, 136, 138, 139, 143, 144, 145

Szerszynski, Bronislaw, 90

Szilagyi, Miklos, 78

Tainter, Joseph, 117

Taleb, Nassim Nicholas, 47

Índice remissivo

Tallinn, Jaan, 28
Tangível, 104
Taxa metabólica, 49, 50, 51
Tecnoceno, 94
Tectônica de placas, 62
Teleonomia, 139, 140
Tempo, 11, 26, 51, 53, 87, 95
Tendência, 121
Tensão, 59, 60
Teologia, 28, 150, 156, 157
Teoria constitucionalista, 58
Teoria da evolução, 44, 57
Teoria da seleção multinível, 127
Teoria da sustentabilidade global, 47, 51
Teoria darwiniana, 15, 40, 43, 44, 46, 56, 57, 60, 78, 120, 128, 142, 147, 150, 165
Teoria das relações internacionais, 29
Teoria dos jogos, 131, 133
Teoria econômica da complexidade, 119, 122
Teoria Geral dos Sistemas, 70, 71
Térmitas, 141
Terra, 8, 11, 12, 13, 14, 16, 17, 20, 22, 23, 25, 26, 28, 59, 61, 62, 63, 64, 65, 68, 69, 72, 75, 76, 81, 83, 84, 87, 88, 89, 90, 93, 94, 97, 120, 123, 125, 164, 165, 167
Thomas, Julia Adeney, 85
Thompson, D'Arcy Wentworth, 48
Thunberg, Greta, 62
Torre de Babel, 76, 77, 113, 117, 165
Tort, Patrick, 43, 113, 146, 147, 148, 149, 151, 157, 159, 160, 165
Townsend, Joseph, 154

TPNW (Tratado sobre a Proibição de Armas Nucleares), 32, 33
Trans-humanismo, 55
Transcendência, 43, 59
Transformação de energia, 48
Transições, 59, 120, 122, 131, 135, 136, 138, 139, 142, 144, 145
Transposição cromossômica, 126
Tribos, 42
Troca/intercâmbio, 100
Truchon, Lilian, 161
Tsing, Anna, 92, 99
Unesco, 86
União Europeia, 107, 116
União Soviética, 29, 30
Unicamp, 57
Unidades de seleção, 136
Universidade Autônoma de Barcelona, 79
Universidade Bocconi, 103
Universidade da Califórnia (Davis), 90
Universidade das Nações Unidas, 66
Universidade de Lund, 93, 98
University College London, 27, 109
Universo quântico, 57
Urbanização, 38, 110
USP (Universidade de São Paulo), 16, 40, 118
Utopia, 55
Van Der Leeuw, Sander, 76
Vantagem comparativa, 164
Vapor, 51
Variedades de capitalismo, 100
Veblen, Thorstein, 40
Veiga, José Eli da, 87
Veneno, 107

Veneza, 109
Verdes, 24
Vergonha, 38
Vetores, 36
Vida, 8, 12, 17, 20, 24, 28, 41, 48, 50, 58, 59, 62, 78, 87, 109, 114, 118, 120, 123, 129, 134, 139, 141, 147, 164, 167
Vida digna, 89
Viés liberal-conservador, 105
Villalba, Bruno, 83, 84
Vinge, Vernor, 53
Vitoriano, 44, 157, 159
Vulcanismo, 88
Waldrop, M. Mitchell, 78
Wallerstein, Immanuel, 93, 96
Wallin, Ivan, 142, 143
Walmart, 132

Waltz, Kenneth, 29
Watt, James, 95
Watts, Duncan J., 73
Weaver, Warren, 117
Weber, Max, 100, 102
WEIRDest, 37
Weismann, August, 56
Wengrow, David, 109, 110
West, Geoffrey, 47, 48, 49, 50, 51, 52, 53, 78
Williamson, Jeffrey G., 100
Wilson, David Sloan, 119
Wilson, Edward O., 125, 134
Wokism, 146
World-Ecology, 95, 98
Zizek, Slavoj, 102
Zuckerberg, Mark, 43
Zurek, Wojciech H., 57

Índice remissivo

ESTE LIVRO FOI COMPOSTO EM SABON,
PELA FRANCIOSI & MALTA, COM CTP E
IMPRESSÃO DA EDIÇÕES LOYOLA EM PA-
PEL PÓLEN NATURAL 80 G/M² DA CIA.
SUZANO DE PAPEL E CELULOSE PARA A
EDITORA 34, EM MARÇO DE 2023.